陶庵梦忆

（明）张 岱 著
梵 一 编著

全国百佳图书出版单位
时代出版传媒股份有限公司
黄 山 书 社

图书在版编目(CIP)数据

陶庵梦忆 / （明）张岱著；梵一编著. — 合肥：黄山书社，2015.7
（古典新读 · 第1辑，中国古代的生活格调）
ISBN 978-7-5461-5195-3

Ⅰ. ①陶… Ⅱ. ①张…②梵… Ⅲ. ①笔记-中国-明代 Ⅳ. ①K248.066

中国版本图书馆CIP数据核字（2015）第175495号

陶庵梦忆
TAOAN MENGYI

（明）张岱 著　梵一 编著

出 品 人　任耕耘
总 策 划　任耕耘　蒋一谈
执行策划　马　磊
项目总监　高　杨　钟　鸣
内容总监　毛白鸽
编辑统筹　张月阳　王　新
责任编辑　高　杨
图文编辑　晏一群
装帧设计　李　娜　李　晶
图片统筹　DuTo Time
出版发行　时代出版传媒股份有限公司（http://www.press-mart.com）
　　　　　黄山书社（http://www.hspress.cn）
地址邮编　安徽省合肥市蜀山区翡翠路1118号出版传媒广场7层 230071
印　　刷　安徽联众印刷有限公司
版　　次　2016 年 1 月第 1 版
印　　次　2016 年 1 月第 1 次印刷
开　　本　710mm × 875mm　1/32
字　　数　158千
印　　张　6.5
书　　号　ISBN 978-7-5461-5195-3
定　　价　26.00 元

服务热线　0551-63533706
销售热线　0551-63533761
官方直营书店（http://hsssbook.taobao.com）

前言

《陶庵梦忆》是明代散文家张岱所著的小品文集，也是张岱传世作品中最著名的一部。全书展现了明代江浙一带的世态人情和风俗生活，具有十分重要的史料价值，是研究晚明世俗文化和江浙地域文化的珍贵资料。

张岱（1597—1689），字宗子，后改字石公，号陶庵，又号蝶庵居士、六休居士，山阴（今浙江绍兴）人。张岱出生于官僚之家，家境富裕，年轻时四处游历，见识颇广，又时常休闲遣兴于各类艺术之中，凡饮食茶道、古玩珍异、戏曲杂耍等无所不通，生活可谓安逸清闲、丰富多彩。只是当明朝灭亡之后，张岱的优渥生活从此烟消云散。他因拒绝进入清廷任职，旦夕之间就从衣食无忧的富家子弟变成了下层贫民，生活穷困潦倒，后来更是入山著书以终。张岱擅长散文，一生著作颇丰，包括《琅嬛文集》《陶庵梦忆》《西湖梦寻》《夜航船》《石匮书后集》《四书遇》

张岱像

等。其中《陶庵梦忆》成书于甲申明亡（1644 年）之后，但直到清乾隆五十九年（1794 年）才得以初版行世。

《陶庵梦忆》全书共八卷，计一百二十二篇，所记大多是张岱在江浙一带亲身经历的人间百态，包括衣食住行、社会习俗的各个方面，而山水风景、能工巧匠、收藏鉴赏、说书演戏等叙述也无不详尽。可以说，《陶庵梦忆》既是一部个人的生活史，也是一幅晚明时期的社会图卷。在体裁上，《陶庵梦忆》一书十分鲜明地体现了明清小品文的特点，篇幅不长，所写皆日常生活琐事，但叙述精彩，文辞优美，具有很强的可读性。张岱也通过对种种世相抒情言志，借以表达深沉的故国之思和乡土之情，寄托了沧桑之感和兴亡之叹。本书对《陶庵梦忆》进行了节选，摘取其中比较著名的篇章进行注释和解读，希望与读者一起感受张岱身后的繁华与苍凉，体会晚明时期的江南生活风貌。

目录

卷三

卷四

卷五

卷六

卷七

卷八

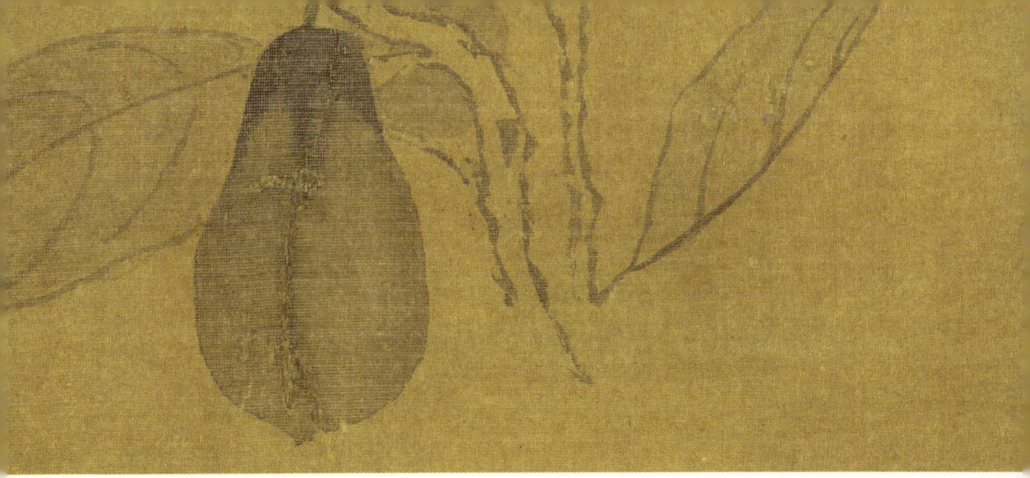

自序

陶庵国破家亡，无所归止，披发入山，駴駴①为野人。故旧见之，如毒药猛兽，愕窒②不敢与接③。作自挽诗，每欲引决。因《石匮书》④未成，尚视息⑤人世。然瓶粟屡罄，不能举火，始知首阳二老⑥直头⑦饿死，不食周粟，还是后人装点语也。饥饿之余，好弄笔墨，因思昔人生长王、谢，颇事豪华，今日罹此果报。以笠报颅，以蒉报踵，仇簪履也⑧；以衲报裘，以苎报絺⑨，仇轻暖也；以藿报肉，以粝报粻⑩，仇甘旨也；以荐报床，以石报枕，仇温柔也；以绳报枢，以瓮报牖，仇爽垲⑪也；以烟报目，以粪报鼻，仇香艳也；以途报足，以囊报肩，仇舆从也。种种罪案，从种种果报中见之。

鸡鸣枕上，夜气方回，因想余生平，繁华靡丽，过眼皆空，五十年来，总成一梦。今当黍熟黄粱⑫，车旅蚁穴⑬，当作如何消受？遥思往事，忆即书之，持向佛前，一一忏悔。不次岁月，异年谱也；不分门类，别《志林》⑭也。偶拈一则，如游旧径，如见故人，城郭人民，翻用自喜，真所谓痴人前不得说梦矣。昔有西陵脚夫为人担酒，失足破其瓮，念无所偿，痴坐伫想曰："得是梦便好！”一寒士乡试中式，方赴鹿鸣宴⑮，恍然犹意非真，自啮其臂曰：“莫是梦否？”一梦耳，惟恐其非梦，又惟恐其是梦，其为痴人则一也。余今大梦将寤，犹事雕虫⑯，又是一番梦呓。因叹慧业⑰文人，名心难化，正如邯郸梦断，漏尽钟鸣，卢生遗表，犹思摹拓二王，以流传后世。则其名根一点，坚固如佛家舍利，劫火猛烈，犹烧之不失也。

【注释】

①骇骇（hài）：令人震惊的样子。
②愕窒：惊愕得快要窒息。
③接：交往。
④《石匮书》：张岱当时正在撰写的一部反映南明史实的历史著作。
⑤视息：只能目视和呼吸，指苟活。
⑥首阳二老：指商末孤竹国君的儿子伯夷和叔齐。周灭商后，两人在首阳山隐居，后因不肯食用周粟而饿死。
⑦直头：径自。
⑧以笠报颅，以篑报踵，仇簪履也：篑，草鞋；踵，脚后跟；簪履，簪子和鞋。头上戴笠，脚上穿草鞋，这是以前享受华美冠履的报应。
⑨以衲报裘，以苎报絺（chī）：衲，破衣服；苎：粗麻布；絺，细葛布。以穿衲衣作为穿皮裘的报应，以穿麻布作为使用细葛布的报应。
⑩以藿报肉，以粝报粻（zhāng）：藿，豆叶；粝，糙米，粻，精米。以食豆叶作为食肉的报应，以食粗粮作为吃精米的报应。
⑪爽垲：明亮干燥的房屋。
⑫黍熟黄粱：化用“黄粱美梦”的典故。青年卢生在客店住宿时，入睡后梦到自己享尽荣华富贵，梦醒时却发现小米饭还没有熟。代指繁华如一梦。
⑬车旅蚁穴：化用“南柯一梦”典故。唐代淳于棼醉酒后在槐树下睡着，梦见自己到达槐安国，迎娶公主，并被任命为南柯郡太守。

酒醒后则在槐树下发现巨大的蚂蚁洞。

⑭《志林》：《东坡志林》，是北宋苏轼撰写的笔记著作。

⑮鹿鸣宴：指唐代州县长官在乡试发榜后为中举之人举行的庆宴，因宴会上多唱《诗经·小雅·鹿鸣》而得名。

⑯雕虫：汉代文学家扬雄在《法言·吾子》中称赋为雕虫小技，后世则以雕虫代指写文章。

⑰慧业：佛教用语，指智慧的业缘。

【解读】

张岱在此段序言中交代了写作《陶庵梦忆》的缘由。明朝末年，面临国破家亡的境地，出身于官宦世家的张岱无处可去，无人可以交流，最后只能狼狈地躲入山中，成为“野人”。面对亲朋好友对自己的疏离和恐惧，张岱内心的悲痛之情难以排解。在绝望之际，他想到了往昔经历的品茶、赏花、听戏等雅事，以及远游中见到的繁华场景，由此产生了要将曾经的多彩生活记录下来的想法，聊以自慰。由于张岱在写作时哀思如潮，序言的整体基调是沉郁苍凉的，表现出物是人非的沧桑之感，这与正文的闲适文风形成鲜明对比，耐人寻味。

从字里行间也不难看出，张岱深受佛教因果报应思想的影响。他认为自己当下面临的困难，是以往享受奢华生活而不自制的果报，并以一系列富贵与清贫之物的比照来凸显这一认知。从冠履到草鞋，从皮裘到破衣，从细葛布到粗麻布，从肉食到野菜等，无不表明生活上天翻地覆的变化，而他更是决定要将以往不该过分享受的靡丽一一写下来，拿到佛前忏悔。年近半百的张岱，在历经国家和生活跌宕起伏的巨变之后，终是看淡浮华，静守己心。

然而，尽管张岱发出了五十年繁华一梦的感慨，却始终未脱离文人的好名之心。正如文中提到的卢生在梦中要将二王的书法流传后世，张岱也希望自己的“梦作”能够为人所知，自己的想法能被世人理解。

卷一

钟山[1]

钟山上有云气，浮浮冉冉，红紫间之，人言王气，龙蜕藏焉。高皇帝[2]与刘诚意[3]、徐中山[4]、汤东瓯[5]定寝穴，各志其处，藏袖中。三人合，穴遂定。门左有孙权墓，请徙。太祖曰："孙权亦是好汉子，留他守门。"及开藏[6]，下为梁志公和尚[7]塔，真身不坏，指爪绕身数匝。军士辇[8]之不起。太祖亲礼之，许以金棺银椁，庄田三百六十，奉香火，舁[9]灵谷寺塔之。今寺僧数千人，日食一庄田焉。陵寝定，闭外羡[10]，人不及知。所见者，门三、飨殿一、寝殿一，后山苍莽而已。壬午[11]七月，朱兆宣簿太常，中元祭期，岱观之。飨殿深穆，暖阁去殿三尺，黄龙幔幔之。列二交椅，褥以黄锦孔雀翎，织正面龙，甚华重。席地以毡，走其上必去舄[12]轻趾。稍咳，内侍辄叱曰："莫惊驾。"

近阁下一座，稍前为硕[13]妃，是成祖[14]生母。成祖生，孝慈皇后[15]妊为己子，事甚秘。再下，东西列四十六席，或坐或否。祭品极简陋，朱红木簋⑯、木壶、木酒樽，甚粗朴。簋中肉止三片，粉一铗，黍数粒，东瓜汤一瓯而已。暖阁上一几，陈铜炉一、小箸瓶二、杯棬二。下一大几，陈太牢一、少牢⑰一而已。他祭或不同，岱所见如是。先祭一日，太常官属开牺牲所中门，导以鼓乐旗帜，牛羊自出，龙袱盖之。至宰割所，以四索缚牛蹄。太常官属至，牛正面立，太常官属朝牲揖，揖未起，而牛头已入燖⑱所。燖已，舁至飨殿。次日五鼓，魏国至，主祀，太常官属不随班，侍立飨殿上。祀毕，牛羊已臭腐不堪闻矣。平常日进二膳，亦魏国陪祀，日必至云。

戊寅⑲，岱寓鹫峰寺。有言孝陵上黑气一股，冲入牛斗，百有余日矣。岱夜起视，见之。自是流贼猖獗，处处告警。壬午，朱成国与王应华奉敕修陵，木枯三百年者尽出为薪，发根，隧其下数丈，识者为伤地脉、泄王气，今果有甲申之变⑳，则寸斩应华亦不足赎也。孝陵玉石二百八十二年，今岁清明，乃遂不得一盂麦饭，思之猿咽。

【注释】

①钟山：又称“紫金山”，在今江苏南京。

②高皇帝：明代开国皇帝朱元璋（1328—1398）。

③刘诚意：刘基（1311—1375），字伯温，明代开国功臣，是著名的军事家、政治家和文学家，曾被封为诚意伯，人称“刘诚意”。

④徐中山：徐达（1332—1385），字天德，出身于农家，后成为明代著名军事统帅，封魏国公，死后被追封为中山王，人称“徐中山”。

烟气缭绕的钟山

⑤汤东瓯：汤和（1326—1395），字鼎臣，明代开国功臣之一，曾任左都督，死后被追封为东瓯王，人称“汤东瓯”。

⑥开藏：开始修建陵寝。

⑦志公和尚：南朝梁的高僧宝志（436—513）。

⑧輂（jú）：古代的一种大型马车，此处为抬的意思。

⑨舁（yú）：抬。

⑩羡：墓道。

⑪壬午：崇祯十五年，即公元1642年。

⑫去舄（xì）：脱掉鞋子。舄，鞋。

⑬硔（gōng）：姓氏。
⑭成祖：指明成祖朱棣（1360—1424）。
⑮孝慈皇后：明太祖朱元璋的皇后马氏，谥孝慈。
⑯簋（guǐ）：古代盛食物的器具。
⑰太牢、少牢：古代祭祀，以牛、羊、猪三者皆备为“太牢”，只用羊、猪或只用羊为祭品称“少牢”。
⑱焊（xún）：用火烧熟。
⑲戊寅：崇祯十一年，即公元 1638 年。
⑳甲申之变：崇祯十七年（1644 年），农民起义领袖李自成率兵攻进北京城，崇祯皇帝自缢而死，明朝灭亡。因这一年为甲申年，史称“甲申之变”。

【解读】

钟山位于南京市玄武区，是江南四大名山之一，为南京著名的地标。从古至今，钟山一直被风水学家看作是王气所在地，属于宁镇山脉（南京与镇江之间的一条山系）的龙头，因而得到无数帝王将相和文人的青睐，并纷纷在此修建陵寝，孙权墓、明孝陵、中山陵等均分布于此。

明太祖朱元璋像

此文即是介绍明太祖朱元璋在钟山为陵墓选址的故事。开篇首先交代了当时人们对钟山的敬仰之情，“人言王气，龙蜕藏焉”。如此风水宝地，身为皇帝的朱元璋自是非常看重，特意将钟山选为自己的陵墓所在地，甚至亲自和刘基、徐达、汤和三位大臣一起核定具体的陵寝位置。待陵寝建成，外面的墓道便被封闭，人们能够见到的也只是显露在外的建筑物，而不知具体的墓穴分布在哪里。总之，张岱详细叙述了陵墓从选取地点到修建、构造布置，以及建成后进行祭祀的过程，行文紧凑，详略得当，条理清晰。文中不仅清楚交代了各事件发生的时间、地点和参与人物，甚至一些细节问题也毫无遗漏，如祭祀时暖阁与大殿之间的距离、布幔和坐褥上的纹饰特征、祭品和祭器的种类，以及礼仪规矩等无不有据可查。此篇叙事详尽，张岱在行文中有以文存史的意识，不过《钟山》一篇却并不是纯粹的记叙文。文末提到的“甲申之变”和“思之猿咽”的感慨，就深刻体现了张岱对明亡的哀痛和故国的思念，是全文的点睛之笔。以《钟山》为开篇，足见张岱对故国情感之深厚。

报恩塔[1]

中国之大古董，永乐之大窑器，则报恩塔是也。报恩塔成于永乐初年，非成祖开国之精神、开国之物力、开国之功令[2]，其胆智才略足以吞吐此塔者，不能成焉。塔上下金刚佛像千百亿金身[3]。一金身，琉璃砖十数块凑砌成之，其衣折不爽[4]分，其面目不爽毫，其须眉不爽忽[5]，斗笋[6]合缝，信属鬼工。

闻烧成时，具三塔相，成其一，埋其二，编号识之。今塔上损砖一块，以字号报工部，发一砖补之，如生成焉。夜必灯，岁费油若干斛。天日高霁，霏霏霭霭，摇摇曳曳，有光怪出其上，如香烟缭绕，半日方散。永乐时，海外夷蛮重译至者百有余国，见报恩塔必顶礼[7]赞叹而去，谓四大部洲所无也。

【注释】

①报恩塔：是明成祖朱棣为纪念生母而建的宝塔，但于咸丰年间毁

于战火之中，遗址在今南京中华门外雨花路东侧。
②功令：法令。
③金身：以金贴身的佛像。这里指用琉璃砖建成的佛像。
④爽：差错。
⑤忽：古代长度计量单位，一百忽等于一毫。
⑥斗笋：建筑部件。斗指建筑物中垫在拱柱之间的木块；笋，通“榫”，即起到连接与拼合作用的榫头。
⑦顶礼：佛教最高礼节，即双膝跪下，两手伏地，以头顶着所尊者的脚。

【解读】

报恩塔建于明永乐十年（1412 年），被永乐皇帝封为“第一塔”，堪称中国建筑史上的精品。雄伟壮观的报恩塔也反映出明成祖统治时期的雄厚国力。塔之内外遍布琉璃砖镀金佛像，佛像的衣褶、面目、神情也刻画得惟妙惟肖，令人叹为观止。及至各建筑部件，无论是斗、榫头，还是砖瓦，皆要求严格。以至报恩塔建成后，异邦外族之人无不感叹其独一无二。令人惋惜的是，报恩塔在 1856 年毁于太平天国运动的战火之中，全迹未能保存下来。

在此文中，张岱通过详细描写报恩塔的构造、制作工艺和周围的奇异之景，以及域外各国使者的态度，展现出明初国富力强的风貌。张岱对故土的自豪感和对明成祖的赞誉之情也溢于言表。

天台牡丹①

天台多牡丹，大如拱把②，其常也。某村中有鹅黄牡丹，一株三干，其大如小斗，植五圣祠前。枝叶离披③，错出檐甃④之上，三间满焉。花时数十朵，鹅子黄鹂、松花蒸栗，萼楼穰吐⑤，淋漓簇沓。土人于其外搭棚演戏四五台，婆娑乐神。有侵花至漂发⑥者，立致奇祟⑦。土人戒勿犯，故花得蔽芾⑧而寿。

【注释】

①天台：今浙江省台州市天台县。
②拱把：形容物体形状大，直径相当于两手合围的距离。
③离披：繁盛的样子。
④檐甃（zhòu）：屋檐处的砖瓦。甃，即砖。
⑤萼楼穰（ráng）吐：萼，花萼；楼，层叠；穰，茎；吐，生长。茎干上的花萼层叠茂密。
⑥漂发：伤害，毁坏。
⑦奇祟：奇异的祸患。
⑧蔽芾（fèi）：花木枝叶茂盛的样子。

【解读】

《牡丹图》齐白石（近代）

文中讲到天台产的牡丹繁盛，即使是平常的花朵也需人的两手合围才能圈住。而种植于五圣祠前的鹅黄牡丹，更是一株三干，枝叶茂盛，甚至都超出屋檐之上；长出的花朵有几十朵，层层叠叠地遍布于茎干上，一派花团锦簇。当地人惊叹此牡丹的与众不同，专门搭了戏台，演戏娱神。更为奇妙的是，凡是损害牡丹者，竟然会立即招惹到奇怪的灾祸，于是人们不敢再对牡丹有一丝一毫的毁坏。鹅黄牡丹也得以茂盛生长，直至自然枯萎。

虽然如此神奇的牡丹并不会真实地存在，但牡丹之花大色艳、雍容华贵早已深入人心，成为文人写诗、行文、作画的重要题材。比如唐代刘禹锡的《赏牡丹》就赞曰：“庭前芍药妖无格，池上芙蕖净少情。唯有牡丹真国色，花开时节动京城。”牡丹之美，不仅被雅士争相咏赞，也体现在民俗奇趣之中。文中百姓将花与神相结合，借此演戏娱乐，正是喜爱牡丹、尊崇牡丹的表现。

金山①夜戏

崇祯二年②中秋后一日，余道镇江往兖。日晡③，至北固，舣舟④江口。月光倒囊入水，江涛吞吐，露气吸之，噀⑤天为白。余大惊喜。移舟过金山寺，已二鼓矣。经龙王堂，入大殿，皆漆静。林下漏月光，疏疏如残雪。余呼小傒⑥携戏具，盛张灯火大殿中，唱韩蕲王⑦金山及长江大战诸剧。锣鼓喧阗，一寺人皆起看。有老僧以手背摋⑧眼翳⑨，翕然张口，呵欠与笑嚏俱至。徐定睛，视为何许人，以何事何时至，皆不敢问。剧完将曙，解缆过江。山僧至山脚，目送久之，不知是人、是怪、是鬼。

【注释】

①金山：位于江苏省镇江市西北，风景幽绝。金山原为长江中的一个岛屿，在清光绪年间与陆地连成一片，有慈寿塔、观音阁等众多名胜。

②崇祯二年：即公元1629年，这一年的十一月，清军南下直逼北京城。

金山寺（图片提供：微图）

③日晡（bū）：指申时，下午三点到五点。
④舣（yǐ）舟：停船靠岸。
⑤噀（xùn）：含在口中而喷出。
⑥小傒（xī）：年幼的奴仆。
⑦韩蕲王：韩世忠（1089—1151），字良臣，与岳飞、张俊、刘光世合称“中兴四将”，在抗击西夏和金的战争中战功卓越，死后被追封为蕲王。
⑧挲（shā）：揉。
⑨眼翳：眼角膜上长出的妨碍视线的白斑，多见于老年人。

【解读】

《金山夜戏》描绘了张岱路过镇江，在金山寺即兴演戏的事。金山自古以来就是风景奇绝之地，如唐代张祜描述为："树影中流见，钟声两岸闻。"北宋沈括赞颂道："楼台两岸水相连，江北江南镜里天。"当张岱在金山外的江面停船，看到月色如银，江涛拍岸，雾气朦胧，心中不禁大喜，产生了要在金山寺表演韩世忠抗金戏剧的想法。适时万籁俱寂，灯火辉煌的大殿中突然响起声声锣鼓，这场景令寺中已经沉睡的僧人大为吃惊，他们纷纷前来观看。张岱通过细致描写一位老僧的一连串动作，揉眼睛、张嘴、打哈欠、笑着流眼泪、欲说还休等，展现出僧人们惊疑不定、惊喜交加的复杂情绪。及至张岱和男仆离去，目送他们登船的僧人还在惊疑张岱究竟是人还是鬼怪。

深夜在寺院中演戏，张岱之洒脱性情跃然纸上，颇有魏晋名士之风流。但若结合张岱演戏的年代，以及所演的剧目，却又不难发现他内心深处的不安和希冀。崇祯二年（1629 年），努尔哈赤建立的后金早已成为威胁明朝统治的强大力量。当时努尔哈赤在与抗清名将袁崇焕的作战中失利，转而与明朝廷进行和谈。就是在这样的背景下，张岱路遇金山寺，上演宋代韩世忠抗金的戏剧，希望韩世忠的精神能够在明代延续。

筠芝亭

筠芝亭，浑朴一亭耳。然而亭之事尽，筠芝亭一山之事亦尽。吾家后此亭而亭者，不及筠芝亭；后此亭而楼者、阁者、斋者，亦不及。总之，多一楼，亭中多一楼之碍；多一墙，亭中多一墙之碍。太仆公①造此亭成，亭之外更不增一椽一瓦，亭之内亦不设一槛一扉，此其意有在也。亭前后，太仆公手植树皆合抱，清樾②轻岚，滃滃翳翳③，如在秋水。亭前石台，猎取亭中之景物而先得之，升高眺远，眼界光明。敬亭诸山，箕踞麓下。溪壑萦回，水出松叶之上。台下右旋，曲磴三折，老松偻背而立，顶垂一干，倒下如小幢④，小枝盘郁，曲出辅之，旋盖如曲柄葆羽⑤。癸丑⑥以前，不垣不台，松意尤畅。

【注释】

①太仆公：即张岱的高祖张天复（1513—1573），字复亭，号内山，山阴（今浙江绍兴）人，嘉靖二十六年（1547年）进士，官至太

仆寺卿。
②樾（yuè）：树荫。
③滃（wěng）滃翳（yì）翳：云气升腾、晦暗不明的样子。
④幢（chuáng）：一种仪仗用的旗帜，象征胜利、吉祥之意。
⑤葆羽：用鸟羽装饰的华盖，多在仪仗中使用。
⑥癸丑：万历四十一年，即公元 1613 年。

【解读】

筠芝亭由张岱的高祖张天复建造。由于张天复是典型的传统文人，博洽多闻，崇尚简约，因而其主持修建的筠芝亭也展现出古朴、雅致的风格。在张岱心中，筠芝亭是张氏家族中最具代表性的建筑，后人修建的亭子，以及楼阁、斋堂等都比不上筠芝亭富有韵味。这是由于筠芝亭设计精巧，再多加一墙一槛、一椽一瓦都会成为累赘。同时筠芝亭的环境也典雅清幽，亭子前后有张天复亲手种植的合抱之树，树木成荫，雾气升腾；登上亭前石台，可开阔视野，眺望远方，山峦、溪流、沟壑、松树等尽收眼底。

大凡世人，很少能够不受繁华之诱惑。张天复处在明代鼎盛期，又身居要职，修建亭子不以奢华奇巧取胜，而注重构造亭子的简约美和意境美，其品格和审美令人敬佩。及至张岱，他不羡气势恢宏的建筑，唯独推崇雅致的筠芝亭，有着与张天复一脉相承的意趣。

葑门荷宕①

天启壬戌②六月二十四日，偶至苏州，见士女倾城而出，毕集于葑门外之荷花宕。楼船画舫至鱼艣③小艇，雇觅一空。远方游客，有持数万钱无所得舟，蚁旋岸上者。余移舟往观，一无所见。宕中以大船为经，小船为纬，游冶子弟，轻舟鼓吹，往来如梭。舟中丽人皆倩妆淡服，摩肩簇舄，汗透重纱。舟楫之胜以挤，鼓吹之胜以集，男女之胜以溷④，歊暑燂烁⑤，靡沸终日而已。荷花宕经岁无人迹，是日，士女以鞋靸⑥不至为耻。袁石公⑦曰："其男女之杂，灿烂之景，不可名状。"大约露帏则千花竞笑，举袂则乱云出峡，挥扇则星流月映，闻歌则雷辊涛趋⑧。盖恨虎丘中秋夜之模糊躲闪，特至是日而明白昭著之也。

【注释】

① 葑（fēng）门荷宕：即葑门荷塘。葑门，位于苏州城东，初名"封门"，因周围多水塘，盛产葑（茭白），于是改为"葑门"。

宕，水塘。
②天启壬戌：即明朝天启二年（1622年）。
③鱼艓（lí）：渔船。
④溷（hùn）：混乱。
⑤歊（xiāo）暑燂（tán）烁：炎热的酷暑。歊、燂、烁都有热的意思。
⑥靸（sǎ）：鞋帮纳得很密的布鞋。
⑦袁石公：袁宏道(1568—1610)，字中郎，又字无学，号石公，荆州公安（今湖北公安县）人。他是明代著名文学流派“公安派”的代表人物，又与兄袁宗道、弟袁中道并称“三袁”。

荷花

⑧雷辊（gǔn）涛趋：雷声轰鸣，波涛汹涌，此处指歌声嘹亮。

【解读】

此文记叙了明代苏州城内的市民竞游荷花荡的风俗。荷花又名“莲花”“水芙蓉”等，早在周朝就有栽培记载，因花叶清秀、芳香四溢而深受人们喜爱。相传农历六月二十四日是荷花的生日，按照苏州民俗，全城男女老少在每年的这一天都会到荷花荡赏荷。明代袁宏道把六月二十四日赏荷称为“苏州三大奇事之一”，并写《荷花荡》一文以作记载。张岱引用的“其男女之杂，灿烂之景，不可名状”等句即出自其中。继袁宏道之后，张岱于1622年也亲眼目睹了苏州赏荷之盛况。是日，万人空巷，人们云集于葑门外的荷花荡，以至于楼船、画舫，甚至渔船都被租赁一空。而许多远方而来的游客因租不到船只，只能在岸上徘徊。再看水面上，大船与小船交织，轻舟飘荡，鼓声阵阵，妆容精致的佳人摩肩接踵，场面甚为壮观。张岱有感于此，遂写下此文。

游人赏荷（图片提供：微图）

民国版《苏州指南》载："荷花塘，在葑门外觅渡桥之东南七八里，独墅湖旁……居民筑为畻岸，植荷为业，绵亘数里。夏时花开，如云锦，清香扑人，郡中士民，多雇舟往游。"民国时期荷花荡是苏州二十四景点之一。中国近代小说家程小青、画家陶冷月等，就曾雇船前往苏州荷花荡观莲。直至 20 世纪 50 年代，苏州的荷花种植依然很广泛。但到了 20 世纪六七十年代，荷花荡被围垦，苏州葑门外"粉立千点，静香十里"的景象就此消失。如今，苏州在每年的 6 月 20 日还会举办荷花节，只是地点多在拙政园。

越俗扫墓

越①俗扫墓，男女袨服②靓妆，画船箫鼓，如杭州人游湖，厚人薄鬼，率以为常。二十年前，中人之家尚用平水屋帻③船，男女分两截坐，不坐船，不鼓吹。先辈谑之曰："以结上文两节之意。"后渐华靡，虽监门小户男女，必用两坐船，必巾，必鼓吹，必欢呼畅饮。下午必就其路之所近，游庵堂、寺院及士夫家花园。鼓吹近城，必吹《海东青》《独行千里》，锣鼓错杂。酒徒沾醉，必岸帻④嚣嚎，唱无字曲，或舟中攘臂，与侪列⑤厮打。自二月朔至夏至，填城溢国，日日如之。乙酉⑥方兵，划江而守，虽鱼艖菱舠⑦，收拾略尽。坟垄数十里而遥，子孙数人挑鱼肉楮钱⑧，徒步往返之，妇女不得出城者三岁矣。萧索凄凉，亦物极必反之一。

【注释】

①越：周代诸侯国名，后多用来指代浙江省东部。
②袨（xuàn）服：华美的服饰。

③屋帻：指帐篷。
④岸帻：掀起头巾，露出前额，形容洒脱不羁，此处指醉酒后行为狂放。
⑤侪（chái）列：同辈或同类之人。
⑥乙酉：清顺治二年，即公元 1645 年。
⑦舠（dāo）：小船。
⑧楮（chǔ）钱：旧俗祭祀时烧的纸钱。

【解读】

此文是张岱对家乡扫墓风俗的写实。扫墓时，男女均穿着盛装华服，乘坐装饰华丽的船只，一路上敲锣打鼓，欢呼畅饮，如同杭州人游西湖一般热闹。有人醉了还会“发酒疯”，拢起头巾，挽起衣袖，唱无字曲，与同辈人打闹。扫墓完毕，顺路游玩庵堂、寺院和士大夫家的花园，也是常见场景。

张岱在叙述中，全然没有提到扫墓时的哀伤悲恸，而着意于描写其中的欢乐情绪。如此奇特之风俗，张岱评价为“厚人薄鬼”。事实上，中国民间自古就有“喜丧”一说，高龄长者寿终正寝，往往被当成一件喜事办理，反映出中国人独特的生命意识。然而，张岱在写到高潮之处，突然笔锋一转，叙说起兵乱给扫墓带来的变化。不仅很少能看到妇女们的身影，就是参与扫墓的男子也只是“挑鱼肉楮钱（纸钱），徒步往返之”，往昔的热闹因兵乱而变得萧瑟凄凉。

奔云石

南屏①石无出奔云石者。奔云得其情，未得其理。石如滇茶一朵，风雨落之，半入泥土，花瓣棱棱，三四层折。人走其中，如蝶入花心，无须不缀也。黄寓庸②先生读书其中，四方弟子千余人，门如市。余幼从大父③访先生。先生面黧黑，多髭须，毛颊，河目海口，眉棱鼻梁，张口多笑。交际酬酢，八面应之。耳聆客言，目睹来牍，手书回札，口嘱傒奴，杂沓于前，未尝少错。客至，无贵贱，便肉、便饭食之，夜即与同榻。余一书记往，颇秽恶，先生寝食之不异也，余深服之。

丙寅④至武林⑤，亭榭倾圮，堂中窆⑥先生遗蜕⑦，不胜人琴之感⑧。余见奔云黝润，色泽不减，谓客曰："愿假此一室，以石磥⑨门，坐卧其下，可十年不出也。"客曰："有盗。"余曰："布衣褐被，身外长物则瓶粟与残书数本而已。王弇州⑩不曰：'盗亦有道⑪也'哉？"

【注释】

①南屏：指位于浙江杭州西湖南岸的南屏山。南屏晚钟是西湖十景之一。

②黄寓庸：黄汝亨（1558—1626），字贞父，号寓庸居士，为明代万历年间进士，官至江西学宪。擅长书法，勤于著述，有《寓庸游记》《寓林集》等作品。

③大父：祖父。

④丙寅：天启六年，即公元1626年。

⑤武林：杭州的别称，因武林山而得名。

⑥窀（zhūn）：埋葬、安葬。

⑦遗蜕：遗体。

⑧人琴之感：出自《世说新语·伤逝》：“王子猷、子敬俱病，而子敬先亡。子猷问左右：‘何以都不闻消息？此已丧矣。’语时了不悲。便索舆来奔丧，都不哭。子敬素好琴，便径入坐灵床上，取子敬琴弹，弦既不调，掷地云：‘子敬子敬，人琴俱亡。’因恸绝良久，月余亦卒。”后常用来表达对去世的知己、亲友的悼念之情。

⑨磥（lěi）：同“垒”，堆砌。

⑩王弇（yǎn）州：王世贞（1526—1590），字元美，号凤洲，又号弇州山人，太仓（今江苏太仓）人。明嘉靖二十六年（1547年）进士，官至刑部尚书。擅长诗文，为明代文学宗派“后七子”领袖之一。

⑪盗亦有道：道，道理。做贼也有所谓的“道德标准和行为规范”。出自《庄子·外篇·胠箧第十》：“跖之徒问于跖曰：‘盗亦有道乎？’跖曰：‘何适而无有道耶？夫妄意室中之藏，圣也；入先，勇也；出后，义也；知可否，知也；分均，仁也。五者不备而能成大盗者，天下未之有也。”

【解读】

此文是张岱以借物咏人的手法，通过描述杭州南屏山的奔云石，来追忆尊长黄寓庸。

“上有天堂，下有苏杭。”杭州自古以来就是山明水秀、人文荟萃之地，多奇珍异宝。在明代，张岱就于杭州西湖南岸的南屏山见到了奇异的奔云石。此石如同一朵美丽的云南茶花，被风雨吹落到地上，一半埋入泥土，另一半则叠成三四层，人走在上面，就像蝴蝶飞入花心。

奔云石的形态让人震撼，但令张岱念念不忘的，是曾在奔云石处读书的前辈黄寓庸。张岱年幼时，曾跟随祖父拜访黄寓庸。这一次的会面，给张岱留下了深刻的印象，以至多年之后，依然清晰地记得黄寓庸的音容笑貌、谈吐举止和待人接物之美德。在张岱眼中，黄寓庸面容黧黑，胡须丛生，两颊有毛，目长而口大，眉骨和鼻梁高耸。黄寓庸虽然其貌不扬，但和人交往应酬时，往往于谈笑间应对八方。他耳听客人说话，手书回信，吩咐仆人办事，在同时处理这些事情时，却没有出过一点差错。客人来了，无论贵贱，他都会以酒肉招待，夜晚更是与客人同榻而眠。在此，张岱又通过叙述自己家中邋遢、丑陋的书记员在黄寓庸那里所受到的礼遇，再次印证黄寓庸的品德，表达自己的崇拜和敬慕之情。

时光流逝，多年之后当张岱再次来到杭州时，却已物是人非。当年的奔云石依然黝黑湿润，色彩不减往昔，但黄寓庸却已驾鹤归西，只留下孤坟一冢。这给张岱的震撼不得不说是巨大的。在缅怀与悲痛之中，他对人生仿佛也有了一种新的认识，心境趋于淡定与从容。不过，他对简单、自然、安定生活的渴望，最后都化成王世贞的一句“盗亦有道”。

天砚

少年视砚，不得砚丑。徽州汪砚伯至，以古款废砚，立得重价，越中藏石俱尽。阅砚多，砚理出。曾托友人秦一生为余觅石，遍城中无有。山阴狱中大盗出一石，璞耳，索银二斤。余适往武林，一生造次①不能辨，持示燕客②。燕客指石中白眼曰："黄牙臭口，堪留支桌。"赚③一生还盗。燕客夜以三十金攫去。命砚伯制一天砚，上五小星一大星，谱曰"五星拱月"。燕客恐一生见，铲去大小二星，止留三小星。一生知之，大懊恨，向余言。余笑曰："犹子比儿④。"亟往索看。燕客捧出，赤比马肝，酥润如玉，背隐白丝类玛瑙，指螺细篆，面三星坟起⑤如弩眼，着墨无声而墨沉烟起，一生痴瘩⑥，口张而不能翕。燕客属余铭，铭曰："女娲炼天，不分玉石；鳌血芦灰⑦，烹霞铸日；星河溷扰，参横箕翕⑧。"

【注释】

①造次：匆忙、仓促。

石砚（明）

②燕客：张岱的堂弟张萼，号燕客。
③赚：哄骗。
④犹子比儿：语出《千字文》：“诸姑伯叔，犹子比儿。”犹子，指侄子。意思是侄子在姑姑、伯叔面前，如同他们的儿子一样。此处指砚在谁的手里都一样。作者引用这句话，是为安慰秦一生，砚在燕客手里，与在自己手里一样，不必太计较。
⑤坟起：突出。
⑥痴痣（zhì）：痴呆。
⑦鳌血芦灰：传说女娲炼石补天时，以鳌的四足支撑四方，以芦灰堵洪水。
⑧参横箕翕：参、箕都为星宿名，此处指砚上的小星星。

【解读】

此文讲述了张岱和其友人秦一生、堂弟燕客，围绕一块天砚而发生的故事。众所周知，要辨别一块砚台的好坏，要从砚质、雕工、砚铭、纹饰等多个方面来考察，其中所需运用的知识繁杂而又琐碎。对于缺乏常识的少年来说，很难弄明白好砚与劣砚、古砚与假砚之分。正是在此前提下，出现了秦一生因无法辨别砚的石质，而被燕客欺骗的趣闻。

当时徽州懂砚的行家汪砚伯到绍兴，凭借古代废弃砚台售出高价，导致当地的砚台价格大涨，甚至珍贵点的石头也被抢购一空。恰巧张岱爱石，他托友人秦一生购买奇石。但秦一生遍寻城内却无法得到，最后从山阴大盗的手中购得一块未经雕琢的原石。秦一生难以确定石的好坏，又无法联系到远在杭州的张岱，就拿着石头询问张岱的堂弟燕客。燕客当即就指出石为劣质，劝说秦一生退还给大盗。然而，当秦一生与大盗终止买卖后，燕客却偷偷将原石购买下来，同时请砚工加工、雕琢原石，制成“天砚”。为了防止秦一生发现，燕客甚至将天砚上的五颗星星去掉两颗。但燕客的所作所为，最终还是被秦一生发现了。秦一生悔恨交加，向张岱说明情况。张岱不以为意，反而安慰秦一生，砚台在谁的手上都会得到珍惜爱护。当燕客请求张岱为砚台题写铭文时，张岱也欣然提笔挥写。

一方小小的砚台，却牵扯出了曲折动人的故事。从原石的发现，到砚台的成型，可以看出三人不同的性格和修养。秦一生的仗义幼稚、燕客的聪慧狡诈、张岱的宽容大度，均得以生动地表现出来。

吴中①绝技

吴中绝技：陆子冈之治玉，鲍天成之治犀，周柱之治嵌镶，赵良璧之治梳，朱碧山之治金银，马勋、荷叶李之治扇，张寄修之治琴，范昆白之治三弦子②，俱可上下百年，保无敌手。但其良工苦心，亦技艺之能事。至其厚薄深浅，浓淡疏密，适与后世赏鉴家之心力、目力针芥相对③，是岂工匠之所能办乎？盖技也而进乎道矣。

【注释】

①吴中：泛指苏州一带。

②三弦子：我国传统弹拨乐器，柄长，音箱两面蒙皮，弦三根，音色粗犷。

③针芥相对：芥，小草，指轻微纤细的东西。语出《吴书》："虎魄不取腐芥，磁石不受曲针。"磁石可以引针，琥珀摩擦生电能吸引细小的东西，比喻性情相合。

【解读】

张岱游玩苏州期间，见识了各类良工的精湛技艺，如玉石雕刻、金银器锻造，以及梳子、扇子、乐器的制作等。张岱认为，这些工艺者的技艺在百年之内皆无人可敌，他们的作品即使流传到后世，也一定会引起鉴赏家和收藏家的共鸣。其中的道理，张岱总结为“技也而进乎道”，即把技艺精进的因素归结于个人内心境界的提升。

几百年后的今天，历史也证明了张岱的认知。陆子冈、鲍天成、朱碧山等人的作品依然还在传承，影响着一代又一代的工艺者。其中，陆子冈作为明末著名的琢玉巨匠，每件玉器都会落下“子冈”款，因而所制玉器被称为“子冈玉”，与同时代唐伯虎的仕女画并驾齐驱。陆子冈琢玉技艺巧夺天工，从他为皇帝雕刻的马中就可窥见一二。据传，当时皇帝明确下令，不允许陆子冈在马上落款。陆子冈并未反驳，雕好马后就献给皇帝。皇帝仔细检查，

“子冈”款玉卮（明）

“子冈”款玉簪（明）

朱碧山银槎（图片提供：微图）

发现果然没有落款，于是很高兴地赏赐了陆子冈。直到后来一位宰相在马的耳朵中发现“子冈制”微雕字体，皇帝才明白自己被骗，更加惊叹于陆子冈技艺之高超绝伦。然而，陆子冈最终也因为自己的独特技艺而招惹杀身之祸。有一次，他为皇帝制成一件玉雕后，将自己的名字刻在龙头上面，触怒皇帝，而被杀死。由于陆子冈没有子孙后代，也没有得意门徒，他的一身雕玉绝技并未流传下来，徒使后人望玉兴叹。明清的许多文人都盛赞过陆子冈，如《苏州府志》载：“陆子冈，碾玉录牧，造水仙簪，玲珑奇巧，花茎细如毫发。”徐渭《咏水仙簪》赞曰：“略有风情陈妙常，绝无烟火杜兰香。昆吾峰尽终南似，愁钉苏州陆子冈。”今存陆子冈的传世作品，主要收藏于北京故宫博物院、天津艺术博物馆、上海博物馆、台北“故宫博物院”等地，包括青玉山水人物玉盒、茶晶梅花花插等。

鲍天成是明代杰出的犀角雕刻名家。据文献记载，在他之前，犀角雕刻一直未能成为一种专门的工艺美术，多由竹、木、牙雕刻艺人兼工。鲍天成则将犀角雕刻发扬光大，并使之专业化、精细化，因而被称为“吴中三绝”之一。

朱碧山是元代金银器雕刻铸造工艺家，原为浙江嘉兴人，后到苏州以银器制作为生，享有盛名。朱碧山一生制作了许多作品，尤以酒器最为精妙，工艺精湛，构思巧妙，造型奇特。当时的达官名流都以拥有其作品为荣，如虞集、柯九思就曾请求朱碧山雕造银槎杯作为酒器。朱碧山以善制槎杯闻名，后世对此多有题咏，如清代诗人黄遵宪《元朱碧山银槎歌》赞颂：“主人醉客出奇器，错落绝胜银颇罗。”如今，朱碧山存世的四件作品也仅槎杯一种，称“朱碧山银槎”。

卷二

孔林①

曲阜出北门五里许，为孔林。紫金城城之，门以楼，楼上见小山一点，正对东南者，峄山②也。折而西，有石虎、石羊三四，在榛莽中。过一桥，二水汇，泗水③也。享殿后有子贡手植楷。楷大小千余本，鲁人取为材、为棋枰。享殿正对伯鱼④墓，圣人葬其子得中气。由伯鱼墓折而右，为宣圣墓⑤。去数丈，案一小山，小山之南为子思⑥墓。数百武之内，父、子、孙三墓在焉。谯周云："孔子死后，鲁人就冢次⑦而居者百有余家，曰'孔里'。"《孔丛子》⑧曰："夫子墓茔方一里，在鲁城北六里泗水上。"诸孔氏封⑨五十余所，人名昭穆，不可复识。

有碑铭三，兽碣俱在。《皇览》⑩曰："弟子各以四方奇木来植，故多异树，不能名。一里之中未尝产棘木、荆草。"紫金城外，环而墓者数千家，三千二百余年，子孙列葬不他徙，从古帝王所不能比隆也。宣圣墓右，有小屋三间，匾曰"子贡庐墓处"。盖自兖州至曲阜道上，时官以木坊表识，有曰“齐人归谨处”，有曰“子在川上处”，尚有义理；至泰山顶上，乃勒石曰“孔子小天下处”，则不觉失笑矣。

【注释】

①孔林：又称“至圣林”，位于山东曲阜北门外，是孔子及其后裔的墓地，也是我国现存规模最大、保存最完整的家族墓葬群。

②峄（yì）山：又名“东山”、“邹山”，位于山东邹城市，自然景观神奇秀灵，素有“天下第一奇山”“岱南奇观”的赞誉。“孔子登东山而小鲁，登泰山而小天下”中的“东山”，即指峄山。

③泗水：又名“淇水”，是山东中部的河流。“子在川上曰：‘逝者如斯夫，不舍昼夜。’”这里的“川”说的就是泗河。

④伯鱼：孔鲤（前 532—前 481），字伯鱼，为孔子的儿子，先孔子而亡。

⑤宣圣墓：孔子墓。

⑥子思：孔伋（前 483—前 402），字子思，为孔子的嫡孙，是春秋战国时期著名的思想家，与孟子合称“思孟学派”。

⑦冢次：长幼。

⑧《孔丛子》：为记叙孔子及子思、子上等人言行的书籍，旧题为孔鲋撰写，但学者多认为是伪托之书。

孔子塑像

孔林内的孔鲤之墓（图片提供：微图）

⑨封：坟墓。

⑩《皇览》：三国魏文帝时刘劭、韦诞等奉敕所撰的一部类书，因供皇帝阅览，故名。原书在隋唐后已失传，今存为后人辑本。

【解读】

张岱的祖父张汝霖曾于万历三十四年（1606 年）任山东布政司副使，父亲张耀芳于天启四年（1624 年）到兖州（今山东济宁兖州区）任鲁献王长史司右长史。因此，张岱曾两次游历齐鲁。此文即是张岱到齐鲁看望父亲期间所作。

众所周知，山东曲阜为孔子故里。张岱游览齐鲁，自然不会错过孔庙、孔林等圣迹。孔林位于曲阜北门五里（约 2500 米）外，面对峄山，内含泗水，自公元前 479 年孔子葬于此地后，至今已有约十万余座孔氏坟冢，石碑四千余块。孔林周围筑有围墙，内部古迹众多，包括享殿、子贡手植楷、伯鱼墓、宣圣墓、子思墓等。其中，享殿位于宣圣墓前，建于明弘治十年（1494 年），为五间九檩歇山黄瓦顶建筑，殿内现存清乾隆皇帝手书“谒孔林酹酒碑”。子贡手植楷是子贡在孔子墓周围种植的楷树，但在明末已经枯死，现仅存树桩。除了子贡，其他弟子在孔林内也栽植从各自家乡带来的植物，因而孔林内树种很多，现已有树十万多株。至于伯鱼墓、宣圣墓和子思墓，则是孔子与嫡系儿孙的坟冢，相距不过数百步。

孔林内碑铭、牌匾众多。张岱一一观之，对“子贡庐墓处”匾等尚能接受，但从孔林内出来，看到泰山上“孔子小天下处”的刻石，不免产生讥笑之情。这是由于晚明自由风气盛行，士人多带有叛逆意味的自由行为和思想。因此，张岱面对后人的牵强附会，唯余嘲笑。

燕子矶[1]

燕子矶，余三过之。水势湁潗[2]，舟人至此，捷捽[3]抒取，钩挽铁缆，蚁附而上。篷窗中见石骨棱层，撑拒水际，不喜而怖，不识岸上有如许境界。戊寅[4]到京后，同吕吉士出观音门，游燕子矶。方晓佛地仙都，当面蹉过之矣。登关王殿，吴头楚尾[5]，是侯用武之地，灵爽赫赫，须眉戟起。缘山走矶上，坐亭子，看江水潎洌[6]，舟下如箭。折而南，走观音阁，度索上之。阁傍僧院，有峭壁千寻，碚礌[7]如铁，大枫数株，蓊以他树，森森冷绿，小楼痴对，便可十年面壁。今僧寮佛阁，故故背之，其心何忍？是年，余归浙，闵老子、王月生送至矶，饮石壁下。

【注释】

①燕子矶：位于南京观音门外，为长江三大名矶之首，有“万里长江第一矶”的赞誉，因形似展翅欲飞的燕子而得名。

②湁潗（chì jí）：水浪翻滚的样子。

燕子矶

③捽（zuó）：方言，抓住。
④戊寅：崇祯十一年，即公元 1638 年。
⑤吴头楚尾：今江西北部与安徽西南部一带，春秋时是吴、楚两国交界地。
⑥潎（pì）洌：水流很急的样子。
⑦碚礨（bèi lěi）：坚硬的大石块。

【解读】

此文是张岱与朋友一起游历南京燕子矶后写下的小品文，描述了燕子矶汹涌湍急的水势及岸上的景物。张岱曾经三次乘船途经燕子矶，但因畏惧燕子矶的惊涛骇浪而没有停留。直到崇祯十一年（1638 年），张岱和朋友游荡到观音门外，近距离接触燕子矶，才领略到原来燕子矶竟是如同人间仙境一般。

燕子矶三面临江，在春秋时是吴、楚两国交界之处，自古就是重要渡口和军事要地，岩壁陡峭，石柱林立，令人顿生豪迈之感。

夕阳下的燕子矶更是风光绝美，江流滚滚，晚霞映照，呈现出“燕矶夕照”的美景，位列“金陵四十八景”之一。历代文人骚客多慕名游览，如“诗仙”李白官场失意后沿着长江漂流，就曾被燕子矶的美景吸引，登临矶顶，以石为樽，把酒问天，为燕子矶留下“酒樽石”的佳话。

燕子矶碑亭

燕子矶上有为纪念关羽而建的关王殿，内部的石头上刻有文徵明长子文彭写的《关祠颂》，以及明代著名谏臣杨继盛的四首绝句。其中一首为：“皪皪清光上下通，风雪只在半天中。太虚云外依然静，谁道阴晴便不同。”赞美了燕子矶的缥缈仙境。沿着燕子矶山岩继续向上，有亭子一座，坐在里面看江水奔腾、轻舟往来如梭，不失为一种享受。亭子南面为观音阁，旁边悬壁上有穿石铁索，传说是明初政治家、文学家刘伯温系舟之处。张岱当年到达观音阁时，铁索还在，他和朋友就是沿着铁索到达矶岩上的寺院中。寺院附近，有高达几千丈的峭壁，堆积的石块坚硬如铁，风貌粗犷豪迈。但寺院的佛堂、僧舍却背对峭壁，张岱不禁感慨浪费了燕子矶的天然之姿。

全篇采用移步换景的手法写作而成，又多采用三字至六字的短句，用词简洁精巧，毫无冗杂拖沓之感，体现出张岱的写作功底。

绍兴琴派

丙辰①学琴于王侣鹅，绍兴存王明泉派者推侣鹅，学《渔樵问答》《列子御风》《碧玉调》《水龙吟》《捣衣环珮声》等曲。戊午②学琴于王本吾，半年得二十余曲：《雁落平沙》《山居吟》《静观吟》《清夜坐钟》《乌夜啼》《汉宫秋》《高山流水》《梅花弄》《淳化引》《沧江夜雨》《庄周梦》，又《胡笳十八拍》《普庵咒》等小曲十余种。王本吾指法圆静，微带油腔。余得其法，练熟还生，以涩勒出之，遂称合作。同学者，范与兰、尹尔韬③、何紫翔、王士美、燕客、平子④。与兰、士美、燕客、平子俱不成，紫翔得本吾之八九而微嫩，尔韬得本吾之八九而微迂。余曾与本吾、紫翔、尔韬取琴四张弹之，如出一手，听者骇服⑤。后本吾而来越者，有张慎行、何明台，结实有余而萧散不足，无出本吾上者。

【注释】

①丙辰：万历四十四年，即公元1616年。
②戊午：万历四十六年，即公元1618年。
③尹尔韬（约1600—1678）：字芝仙，号袖花老人，山阴（今浙江绍兴）人。明末琴家，精通音律，著有《五音取法》《五音确论》《原琴正议》等。
④平子：即张岱的弟弟张峰，字平子。
⑤骇（hài）服：佩服。骇，使人吃惊的样子。

【解读】

此文是张岱以写实的手法叙述自己学习古琴的经历，同时也为后人提供了研究绍兴琴派的文献依据。绍兴古琴艺术的历史，可以追溯到春秋时期，现存最早的方志《越绝书》中就有关于绍兴古琴的记

古琴

载。以后各代，绍兴琴师辈出，如晋代书法家王献之、王徽之，南朝梁的丘明，宋代的诗人陆游、僧人义海，明代的徐渭、王侣鹅、王本吾、尹尔韬等，都擅奏古琴。其中，丘明是中国最早的古琴曲文字谱《碣石调·幽兰》的创传者。

张岱在1616年曾向绍兴琴派的王侣鹅学了《渔樵问答》《列子御风》等曲，后来又向王本吾学习《雁落平沙》《山居吟》《静观吟》等二十余曲。王本吾的指法圆静，微带油腔。张岱在其演奏基础上勤奋练习，“以涩勒出之”，青出于蓝而胜于蓝。与张岱同时向王本吾学习古琴的还有范与兰、尹尔韬、何紫翔、王士美、燕客、平子等人，但只有张岱、尹尔韬、何紫翔学有所成。他们三人也创建了历史上最早的古琴社——丝社，每月集会三次，“共怜同调之友声，用振丝坛之盛举”，为研究、传习琴艺做出了巨大贡献。后来，尹尔韬编成琴谱《徽言秘旨》，标志着绍兴琴派的古琴艺术已发展成熟。尹尔韬有一学徒名孙淦，他在《徽言秘旨》的基础上增加新的琴曲，集成《徽言秘旨订》，比较完整和系统地保存了明代绍兴琴派的艺术风貌。尹尔韬师徒的琴谱，对后来新安派和新浙派的形成与发展也产生了直接影响。

当然，明代最出风头的古琴流派，依然是自南宋末年延续而来的浙派。与浙派“微、妙、圆、通”的琴风不同，绍兴琴派在音乐风格上更多的是追求“清”、“静”，形成了高古淡雅的特色。

花石纲①遗石

越中无佳石。董文简②斋中一石，磊块正骨，窋咤③数孔，疏爽明易，不作灵谲波诡，朱勔④花石纲所遗，陆放翁⑤家物也。文简竖之庭除⑥，石后种剔牙松一株，辟咡负剑⑦，与石意相得。文简轩其北，名"独石轩"，石之轩独之无异也。石篑先生⑧读书其中，勒铭志之。大江以南，花石纲遗石，以吴门徐清之家一石为石祖。石高丈五，朱勔移舟中，石盘沉太湖底，觅不得，遂不果行。后归乌程董氏，载至中流，船复覆。董氏破资募善入水者取之。先得其盘，诧异之，又溺水取石，石亦旋起，时人比之延津剑⑨焉。后数十年，遂为徐氏有。再传至清之，以三百金竖之。石连底高二丈许，变幻百出，无可名状。大约如吴无奇游黄山，见一怪石，辄瞋目叫曰："岂有此理！岂有此理！"

【注释】

①花石纲：宋徽宗时为将东南花石运输到都城汴京（今开封）而设

立的船只编组。当时的船队十船为一组，称作一“纲”。

②董文简：即董玘（1487—1546），字文玉，明弘治十八年（1505年）进士，历任翰林院编修、礼部左侍郎等职，是反对宦官刘瑾的贤臣之一，死后谥号文简。

③窋（zhú）吒：洞穴。

④朱勔（1075—1126）：北宋奸臣，与蔡京、王黼、童贯、梁师成、李彦并称“六贼”，为奉迎宋徽宗，与蔡京在苏州设应奉局搜求珍贵花石。

⑤陆放翁：陆游（1125—1210），字务观，号放翁，南宋著名爱国诗人。

⑥庭除：庭院台阶。

⑦辟咡（èr）负剑：辟咡，交谈时侧着头，不使口气触及对方，以示尊敬；负剑，推剑于背。语出《礼记·曲礼上》：“负剑辟咡诏之，则掩口而对。”此处是指庭院中的松树形态与奇石呼应，相得益彰。

⑧石篑先生：陶望龄（1562—1609），字周望，号石篑，明代绍兴文人，曾任翰林编修、国子监祭酒等职。

⑨延津剑：指龙泉、太阿两宝剑。据《晋书·张华传》载，东晋丰城令雷焕得到龙泉、太阿两剑，将其中一柄剑赠与权臣张华。后来张华被杀，剑即消失。雷焕死后，其子持剑路过延津渡口，身上的剑忽然跳出落入水中，自此两剑都消失。

【解读】

此文描述了北宋花石纲在运送奇花异石时，遗留在越中（今浙江绍兴）的嶙峋美石，以及围绕这些奇石所发生的故事。

宋徽宗赵佶统治时期，生活奢侈腐化，挥霍无度。为营造宫苑艮岳，从江浙地区大量搜罗花石。当时具体负责此事的便是苏州人朱勔。由于他颇懂山石鉴赏之道，被权相蔡京推荐管理苏杭应奉局。凡是朱勔看中的一木一石、一花一草，无论所属何人，都会被应奉局以黄纸封条而强取豪夺；不管石块所处的位置如何偏僻，都要不计民力、财力而搬运出来，再以船队花石纲经淮河、汴河运往京城。在运送花石的过程中，大量民房、桥梁、城垣被拆除，以方便船只通过。花石纲前后持续二十多年，给江南人民造成了极大的危害。

或许正是宋徽宗时将江浙地区的花石搜罗殆尽，以至于张岱在开篇就感慨越中无佳石，仅存的珍贵石头也是当年花石纲遗留下来的。如董文简斋中的美石就是其一。此石雄伟刚毅，内含多孔，简单整洁，没有诡异之态。更为奇特的是，石头不仅是从朱勔手中逃脱的珍宝，也曾经是南宋诗人陆游家中的遗物。此外，吴门徐清珍藏的石祖也是花石纲遗石。石祖高约 5 米，当时朱勔用船载至船中，结果承载石祖的石盘沉入太湖底，于是朱勔只能放弃运送。后来，董氏获得此石，但运送到太湖时，船也倾覆。董氏花重资让人下水打捞，竟然还找到了之前落入水中的石盘，石盘与石祖重新合而为一，一时传为美谈。此后又经过数十年，石祖成为徐清家中的镇宅宝物。不同于董文简斋石头的清新爽朗，徐清石祖的形状嶙峋奇巧，无可名状。张岱通过列举实例，也展现了晚明富家爱石、玩石的风气。

苏州留园中的花石纲遗石“冠云峰”

焦山①

仲叔守瓜州②，余借住于园，无事辄登金山寺③。风月清爽，二鼓，犹上妙高台，长江之险，遂同沟浍④。一日，放舟焦山，山更纡谲可喜。江曲涡山下，水望澄明，渊无潜甲。海猪、海马，投饭起食，驯扰若豢⑤鱼。看水晶殿，寻瘗鹤铭⑥，山无人杂，静若太古。回首瓜州，烟火城中，真如隔世。饭饱睡足，新浴而出，走拜焦处士祠。见其轩冕黼黻⑦，夫人列坐，陪臣四，女官四，羽葆云罕，俨然王者。盖土人奉为土谷，以王礼祀之。是犹以杜十姨配伍髭须⑧，千古不能正其非也。处士有灵，不知走向何所？

【注释】

①焦山：位于江苏镇江东北面，与金山、北固山并称“镇江三山”，因汉末隐士焦光在此居住而得名。

②瓜州：又称“瓜埠洲”，在今天的江苏扬州南面，与镇江隔长江相望。

③金山寺：在今江苏镇江，始建于东晋，原名泽心寺、龙游寺，自唐以后多称“金山寺”。
④沟浍：田间水渠。
⑤豢（huàn）：喂养。
⑥瘗（yì）鹤铭：即《瘗鹤铭》摩崖石刻。据说是古代一个书法家游历到镇江焦山时，因所养的鹤死了，伤心之余写下铭文刻在焦山石壁上。瘗，埋葬。
⑦黼黻（fǔ fú）：衣服上所绣的华美花纹。
⑧ 杜十姨配伍髭须：唐代著名诗人杜甫曾官左拾遗，世称“杜拾遗”，后被村学究误为“杜十姨”；而“伍髭须”则为“伍子胥”之舛讹。“伍髭须”又讹传为“五撮须”。宋人俞琰《席上腐谈》卷上载：“温州有土地杜十姨无夫，五撮须相公无妇。州人迎杜十姨以配五撮须，合为一庙。杜十姨为谁？乃杜拾遗也。五撮须为谁？乃伍子胥也。”意即以讹传讹，令后世耻笑。

【解读】

此文是张岱到瓜州看望二叔张联芳时所作，主要记叙了他游览金山寺和焦山的经历。金山寺是张岱借住瓜州期间经常游玩的地方。

金山寺妙高台（图片提供：微图）

焦山风光（图片提供：微图）

特别是在风月清爽的夜晚，他喜欢登上妙高台，俯瞰波澜壮阔的长江，遥想静思。妙高台为金山寺名胜之一，又称“晒经台”，是宋元祐年间的高僧佛印在山崖上开凿而成，高逾十丈（约 33 米），上有台阁。北宋大文豪苏东坡曾在此赏月，并写下了诗作《金山妙高台》：“不如金山去，清风半帆耳。中有妙高台，云峰自孤起。”此外，妙高台也是“梁红玉击鼓战金山”的地方。梁红玉为南宋抗金名将韩世忠的夫人，当时韩世忠在金山附近以 4000 士兵对抗入侵的几万金兵，为鼓舞士气，梁红玉登上妙高台，亲擂战鼓而助阵，结果大破金军。如今，妙高台虽然仅存台址，但其风采依旧。

焦山位于江心，四面环水，山峰高耸，有“江中浮玉”之美称。正因为焦山风光奇绝、山曲水明，张岱乘舟到达此地后，惊为仙境。在寂静的山中漫游，喜好风雅的张岱首先寻访的是被誉为“碑中之王”的《瘗鹤铭》摩崖石刻。关于《瘗鹤铭》的刻石年代，至今依然没有定论，流传最多的是由南北朝时期的隐士华阳真逸所书。到唐代，由于山崖遭到雷击而滑坡，碑文也落入江中。直到北宋修建运河时，人们才从江中打捞出刻有《瘗鹤铭》的五块断石。然而，断石在明洪武年间再次坠入江中，到清康熙年间才被镇江知府陈鹏年募船民找到。因此，张岱游览焦山时，并未看到《瘗鹤铭》的石刻文字。仿古未得，张岱在饭饱睡足之后，又前去访寻隐士焦光的祠堂。焦光有才名，隐居在焦山期间，汉灵帝曾三度下诏请他做官，焦光都坚辞不就。但张岱看到后人为焦光所建的祠堂后，顿觉哭笑不得，原来焦光塑像被冠以华美的冕服，还有陪同的大臣、女官各四人，俨然被当成是王者。张岱不得不感慨，假如焦光得知，一定也会不知所措。

通览全篇，从张岱对妙高台的钟爱，对《瘗鹤铭》的寻访，以及对焦光祠的大失所望，都可以看出其喜好之雅、性情之真。

梅花书屋

陔萼楼后老屋倾圮，余筑基四尺，造书屋一大间。旁广耳室如纱幮①，设卧榻。前后空地，后墙坛②其趾，西瓜瓤大牡丹三株，花出墙上，岁满三百余朵。坛前西府二树，花时积三尺香雪③。前四壁稍高，对面砌石台，插太湖石数峰。西溪梅骨古劲，滇茶数茎妩媚，其旁梅根种西番莲，缠绕如缨络。窗外竹棚，密宝襄盖之。阶下翠草深三尺，秋海棠疏疏杂入。前后明窗，宝襄西府，渐作绿暗。余坐卧其中，非高流佳客，不得辄入。慕倪迂④清閟，又以"云林秘阁"名之。

【注释】

①纱幮：纱帐。

②坛：设坛。

③香雪：白色的花。

④倪迂：即倪瓒（1301—1374），字元镇，号云林子，元代书画家，与黄公望、王蒙、吴镇合称"元四家"。

【解读】

此文是张岱为自己的的书斋梅花书屋所写的一篇小品文。梅花书屋是张岱在坍塌的老房子上建造而成，仅地基就高四尺（约 1.3 米），书屋两旁还有扩建的耳室，里面放置卧榻，用于读书劳累时休息之用。在书屋前后的空地上，张岱种植了三株牡丹、两棵西府海棠，牡丹每年都会开出三百余朵的花，而海棠花能够积聚几尺高的白色花海，非常美丽。至于院子中，张岱则用太湖石假山点缀，又在假山旁种植枝干苍劲古拙的西溪梅花、柔美绚丽的云南茶花、卷曲缠绕的西番莲。此外，书屋窗外还有用竹子搭建的凉棚，清风徐来，可谓清雅凉爽。

张岱将梅花书屋奉为至宝，平时看书、休息都在其中，倘若不是文才风流的高雅客人是不允许进入的。张岱自己陈述，他是受到了元代著名书画家倪瓒的影响。倪瓒以清高闻名，又有严重的洁癖，

初绽的白梅

《倪瓒写照》赵元（元）

因而其读书的清闷阁禁止旁人入内。有一次，倪瓒母亲生病，为请求名医葛仙翁为母亲诊病，倪瓒才破例让葛仙翁进入书房观览。但葛仙翁竟然故意在清闷阁内乱翻一气，随地吐痰，结果倪瓒从此终身不入清闷阁。张岱当然没有如同倪瓒一般的洁癖，但他极其仰慕倪瓒的才气与清高，因而将梅花书屋称为“云林秘阁”。云林便是倪瓒的别号。

砂罐锡注①

宜兴罐，以龚春②为上，时大彬③次之，陈用卿④又次之。锡注，以王元吉为上，归懋德⑤次之。夫砂罐，砂也；锡注，锡也。器方脱手，而一罐一注价五六金，则是砂与锡与价，其轻重正相等焉，岂非怪事。一砂罐、一锡注，直跻之商彝、周鼎之列而毫无惭色，则是其品地也。

【注释】

①砂罐锡注：砂罐，陶质器皿，这里指紫砂壶；锡注，用锡制作而成的酒壶。

②龚春（约1506—1566）：又称“供春”，为明代著名的制陶艺人，原为宜兴进士吴颐山的家仆，后跟随金沙寺僧人制作紫砂壶，所制紫砂壶以质薄、精巧而闻名，称“供春壶”。

③时大彬（1573—1648）：紫砂“四大家”之一时朋的儿子，制壶技艺全面，在明代即享有盛名，但传世作品不多。

④陈用卿：明代天启、崇祯年间的陶瓷艺人，代表作品为弦绞金线如意壶。

⑤归懋德：明末清初著名锡匠，生平不详。

供春制紫砂壶像

【解读】

张岱在此篇短文中主要介绍了紫砂壶和锡酒壶的制作。开篇直接罗列出一些著名的技师，如精于紫砂壶制作的供春、时大彬和陈用卿，精于锡酒壶制作的王元吉、归懋德。其中，供春所制的紫砂壶形似树瘿，上面刻有树瘿的花纹，古朴雅致，将明代紫砂壶从粗糙的手工艺品发展成工艺美术。时大彬制作紫砂壶时，讲究泥料配制、成型技法、造型设计与铭刻，并以泥片镶接方式凭空成型，确立了紫砂业高难度的技术体系。其主要作品有六方壶、紫砂扁壶、天香阁壶、僧帽壶等。而制作锡酒壶的工序也十分繁琐，包括熔锡、制模、裁剪、焊接、磨光，最后有些还要在壶身上进行錾刻。这些制壶名家的作品，深受人们追捧，往往要以重金才能购得，俨然跻身到商周古董的行列。张岱对此进行分析，认为紫砂壶和锡酒壶的高品质造就了它们的地位。全篇文字简洁，富含意趣。

宜兴紫砂壶

沈梅冈①

沈梅冈先生忤相嵩，在狱十八年。读书之暇，旁攻匠艺，无斧锯，以片铁日夕磨之，遂铦利②。得香楠尺许，琢为文具一，大匣三、小匣七、壁锁二，棕竹数片为箑③一，为骨十八，以笋、以缝、以键，坚密肉好，巧匠谢不能事。夫人丐④先文恭⑤志公墓，持以为贽⑥，文恭拜受之。铭其匣曰："十九年，中郎节。十八年，给谏匣。节邪匣邪，同一辙。"铭其箑曰："塞外毡，饥可餐。狱中箑，尘莫干。前苏后沈，名班班。"梅冈制，文恭铭，徐文长⑦书，张应尧⑧镌，人称"四绝"，余珍藏之。又闻其以粥炼土，凡数年，范为铜鼓者二，声闻里许，胜暹罗⑨铜。

【注释】

①沈梅冈：沈束（1514—1581），字宗安，号梅冈，明代官员，曾任礼科给事中等职，后因得罪权臣严嵩而入狱。

②铦（xiān）利：锋利。
③箑（shà）：扇子。
④丐：请求。
⑤文恭：张岱的曾祖父张元忭（1538—1588），曾于明隆庆五年（1571年）中状元，死后谥号“文恭”。
⑥贽：古人初次拜见长辈时赠送的见面礼。
⑦徐文长：即明代书画家徐渭（1521—1593），初字文清，后改字文长，与张元忭是至交好友。
⑧张应尧：活动于清康熙年间的刻字艺人，字体媚丽疏秀。
⑨暹（xiān）罗：泰国的古称。

【解读】

此篇是记载奇人沈梅冈制作工艺品的短文。沈梅冈因得罪权臣严嵩，在狱中被关押十八年。在此期间，沈梅冈于读书的闲暇之余，致力于学习雕刻工艺。没有斧头和锯子，他就将铁片磨成锋利的工具，用来雕刻楠木和劈砍竹片，最后制作出了一个文具、三个大匣子、七个小匣子、两把壁锁和一把扇子。其中扇子有 18 个扇骨，以榫头连接、针线缝缀，坚固细密，即使是能工巧匠看了也难以仿制。沈梅冈去世后，他的夫人将匣子和扇子作为礼物送给张岱的曾祖父张元忭，以请求张元忭为沈梅冈写墓志铭。张元忭欣然应允，同时又分别为匣子和扇子作铭文两篇。后来，铭文经徐渭手书、张应尧镌刻在匣子和扇子上面，使其成为当时之绝。

沈梅冈在十八年的囹圄生涯中，不仅读书不辍，还能成为工艺大师，其品性和毅力让人惊叹。

卷三

兰雪茶

日铸①者，越王铸剑地也。茶味棱棱，有金石之气。欧阳永叔②曰："两浙之茶，日铸第一。"王龟龄③曰："龙山瑞草，日铸雪芽。"日铸名起此。京师茶客，有茶则至，意不在雪芽也。而雪芽利之，一如京茶式，不敢独异。三峨④叔知松萝焙法，取瑞草试之，香扑冽。余曰："瑞草固佳，汉武帝食露盘，无补多欲；日铸茶薮，'牛虽瘠，偾于豚上'也。"遂募歙人入日铸。

扚⑤法、掐法、挪法、撒法、扇法、炒法、焙法、藏法，一如松萝。他泉瀹⑥之，香气不出，煮禊泉，投以小罐，则香太浓郁。杂入茉莉，再三较量，用敞口瓷瓯淡放之，候其冷；以旋滚汤冲泻之，色如竹箨⑦方解，绿粉初匀；又如山窗初曙，透纸黎光。取清妃白，倾向素瓷，真如百茎素兰同雪涛并泻也。

雪芽得其色矣，未得其气，余戏呼之"兰雪"。

四五年后，“兰雪茶”一哄如市焉。越之好事者不食松萝，止食兰雪。兰雪则食，以松萝而篡⑧兰雪者亦食，盖松萝贬声价俯就兰雪，从俗也。乃近日徽歙间松萝亦名兰雪，向以松萝名者，封面系换，则又奇矣。

【注释】

①日铸：即日铸山，位于浙江绍兴，是古代著名的产茶胜地。
②欧阳永叔：欧阳修（1007—1072），字永叔，号醉翁、六一居士，北宋政治家、文学家，为“唐宋八大家”之一。
③王龟龄：王十朋（1112—1171），字龟龄，号梅溪，南宋政治家、诗人。
④三峨：指张岱的三叔张炳芳，号三峨。
⑤扚（dí）：按，压。
⑥瀹（yuè）：煮。
⑦竹箨：笋壳，随着竹子的生长不断脱落。
⑧篡：排斥。

【解读】

张岱精于品茶、制茶，此文即叙述了他烘制兰雪茶的过程。在张岱看来，绍兴日铸山作为越王铸剑的地方，所产雪芽茶的味道苦寒有金石气，是难得的茶品。但由于茶客多以京城制茶的方法烘制雪芽，致使雪芽没有散发出内在的独特味道。于是，张岱决心亲自制作雪芽茶。他从安徽歙县招募擅长烘茶的技师，借鉴松萝茶的制作方法，经过扚、掐、挪、撒、扇、炒、焙、藏等一系列程序，又选取芳香清冽的禊泉水烹煮，再加入茉莉花，最终制作出色如竹笋、香味浓郁的雪芽茶。因茶水在倒入瓷碗时，仿若百根素兰和雪水一同流淌下来，张岱为其取名“兰雪茶”。兰雪茶问世之后，深

《品茶图》陈洪绶（明）

受人们喜爱，在四五年之内就称雄茶市。在当时的徽州一带，茶商为了追求高利润，甚至将松萝茶以兰雪茶出售。

如今，兰雪茶的制作工艺已经失传，但张岱对茶事的喜爱和对兰雪茶的贡献，依然在日铸山流传。

白洋潮

故事，三江①看潮，实无潮看。午后喧传曰："今年暗涨潮。"岁岁如之。戊寅②八月，吊朱恒岳③少师，至白洋，陈章侯④、祁世培同席。海塘上呼看潮，余遄⑤往，章侯、世培踵至。立塘上，见潮头一线，从海宁而来，直奔塘上。稍近，则隐隐露白，如驱千百群小鹅，擘翼惊飞。渐近，喷沫，冰花蹴起，如百万雪狮蔽江而下，怒雷鞭之，万首镞镞⑥，无敢后先。再近，则飓风逼之，势欲拍岸而上。看者辟易，走避塘下。潮到塘，尽力一礴，水击射，溅起数丈，著面皆湿。旋卷而右，龟山一挡，轰怒非常，炮碎龙湫，半空雪舞。看之惊眩，坐半日，颜始定。先辈言：浙江潮头自龛、赭两山漱激而起。白洋在两山外，潮头更大，何耶？

【注释】

①三江：三江口，即绍兴白洋湖，是钱塘江、富春江、浦阳江的交汇处。

白洋湖（图片提供：FOTOE）

②戊寅：即崇祯十一年（1638年）。
③朱恒岳：朱燮元（1566—1638），字恒岳，明万历二十年（1592年）进士，曾任少师之职。
④陈章侯：陈洪绶（1598—1652），字章侯，明末著名书画家。
⑤遄（chuán）：迅速。
⑥镞（zú）镞：通“簇簇”，形容波涛汹涌的样子。

【解读】

此文叙述了张岱和朋友朱恒岳、陈洪绶在绍兴白洋湖观潮的经历。张岱在叙事上采用了欲扬先抑的手法，开篇即说白洋湖无潮可看，为后文详尽描写白洋湖潮水的壮观和自己对潮水的惊叹埋下伏笔。张岱观潮的热情很高，当他听闻有人在海塘上呼叫看潮，便立

《观潮图》袁江（清）

即撇下好友，迫不及待地前往观看。他站在塘上，远远地就看见潮头像一条白线呼啸而来，而随着潮头的推进，涌起的潮水如雄狮一般呼号奔腾，扑向海塘边的人群。观潮者甚为惊恐，纷纷跑到塘下躲避。但潮水并未被海塘阻止，穷尽力量喷薄而起，溅起来的水花有好几丈高，将地面都喷透了。然后，潮水在半空中轰隆翻滚，飞舞不止，既波澜壮阔，又骇人夺目，以至于张岱在地上坐了好一会儿，才渐渐镇定下来。

张岱对白洋湖潮水的描写极为详尽，由远而近，层层推进，远是“潮头一线”，稍近“隐隐露白”，渐近“冰花蹴起”，再近“拍岸而上”，生动地展现了潮水的不同形态，使读者产生身临其境之感。

闵老子茶

周墨农向余道闵汶水茶不置口。戊寅九月至留都[1]，抵岸，即访闵汶水于桃叶渡[2]。日晡，汶水他出，迟[3]其归，乃婆娑一老。方叙话，遽起曰："杖忘某所。"又去。余曰："今日岂可空去？"迟之又久，汶水返，更定矣。睨[4]余曰："客尚在耶？客在奚为者？"余曰："慕汶老久，今日不畅饮汶老茶，决不去。"汶水喜，自起当垆。茶旋煮，速如风雨。导至一室，明窗净几，荆溪壶、成宣窑磁瓯十余种，皆精绝。灯下视茶色，与磁瓯无别，而香气逼人，余叫绝。余问汶水曰："此茶何产？"汶水曰："阆苑茶也。"余再啜之，曰："莫绐[5]余，是阆苑制法，而味不似。"汶水匿笑曰："客知是何产？"余再啜之，曰："何其似罗岕[6]甚也？"汶水吐舌曰："奇，奇。"余问："水何水？"曰："惠泉。"余又曰："莫绐余，惠泉走千里，水劳而圭角不动，何也？"汶水曰："不复敢隐。其取惠水，必淘井，静夜候新泉至，旋汲之。山石磊磊藉瓮底，舟非风则勿行，故水之生磊，即寻常惠水，犹逊一头地，况他水耶。”又吐舌曰：“奇，奇。”言未毕，汶水去。少顷，持一壶满斟余曰：“客啜此。”余曰：“香扑烈，味甚浑厚，此春茶耶？向瀹者的是秋采。”汶水大笑曰：“予年七十，精赏鉴者，无客比。”遂定交。

【注释】

①留都：明成祖将都城迁到北京后，原都城南京仍置官留守，称为“留都”。

②桃叶渡：金陵四十八景之一，为南京秦淮河上的一个古渡，位于秦淮河与古青溪水道合流处，因东晋书法家王献之常在此迎接爱妾桃叶而得名。

③迟：等待。

④睨（nì）：斜眼看。

⑤绐（dài）：欺骗。

⑥罗岕（jiè）：江浙一带所产的茶，在明末清初已是天价之茶。

【解读】

此文记述了张岱与茶道高手闵汶水品茶、论茶、以茶定交的故事。张岱的好友周墨农曾对他说，南京的闵汶水擅长闻茶识茶，是难得一见的茶道高手。于是张岱专门到南京拜访闵汶水。然而，闵汶水却出门在外，直到很久之后才回来，后来又因将拐杖忘在别处而回去寻找。张岱不甘心白跑一趟，坚持等到闵汶水归来。闵汶水被张岱的诚心感动，亲自支起炉子为张岱煮茶。茶煮好后，张岱在灯光下观看茶水，汤色与茶器颜色一般无二，而且茶叶香气逼人，于是便问闵汶水如此佳茶产自何地。闵汶水为了考验张岱，便谎称

《煮茶图》王问（明）

是以无锡惠山泉泡制而成的阆苑茶。但张岱当即就识破，茶虽然类似阆苑茶的制作方法，但味道相差甚远，应该是浙江长兴一带的罗岕茶。至于所用泉水更不是惠山泉，这是由于无锡到南京路途遥远，泉水运到南京时水质会发生变化，泡出来的茶不可能鲜爽不损。闵汶水对张岱的见解大为惊叹，引为知音，并详细说明了自己取水的方法。

实际上，张岱在到南京拜访闵汶水之前，其好友周墨农就曾嘱咐他，闵汶水脾气古怪，不轻易接见陌生人，便让张岱报上自己的名字。然而张岱却很淡然，认为自己和闵汶水意气相投，定然会一见如故。果不其然，善烹茶的闵汶水和善品鉴的张岱在一问一答之间，很快就产生共鸣，体现了“茶虽平而道却深”。

朱文懿①家桂

桂以香山②名，然覆墓木耳，北邙③萧然，不堪久立。单醪河④钱氏二桂，老而秃。独朱文懿公宅后一桂，干大如斗，枝叶溟蒙⑤，樾荫⑥亩许，下可坐客三四十席。不亭、不屋、不台、不栏、不砌，弃之篱落间。花时不许人入看，而主人亦禁足勿之往，听其自开自谢已耳。樗栎⑦以不材终其天年，其得力全在弃也。百岁老人多出蓬户，子孙第厌其癃瘇⑧耳，何足称瑞。

【注释】

①朱文懿：即明代朱赓（1535—1608），字少钦，浙江绍兴人，明隆庆二年（1567年）进士，历任文华殿大学士、礼部侍郎等职，死后谥号“文懿”。

②香山：此处指江苏苏州的香山，相传是吴王夫差种香处，包括采香径、梅花堂、桃花涧等景观。

③北邙：又名“邙山”，位于洛阳北侧，因汉、魏时期的公侯多葬于此，后泛称墓地。

④单醪（láo）河：在绍兴南面，相传越王勾践伐吴时将酒倒入河流中，

桂花树

让士卒乘流而饮，结果士气大振，此河因而得名“单醪河”。醪，酒。

⑤溟蒙：草木茂密的样子。

⑥樾（yuè）荫：树荫。

⑦樗栎（chū lì）：樗、栎皆为树名，因质地不好而不能成材。

⑧癃尰（lóng zhǒng）：年老多病，手脚不灵便。

【解读】

此文以朱文懿老宅之中的桂花树引发议论，是一篇借物言志的短篇小品文。

桂花又名“木犀”“岩桂”，为中国十大传统花卉之一，清雅高洁，香飘四溢，历来受到文人雅士的喜爱。如唐代白居易在《忆江南》中就表达了对桂花的热爱：“江南忆，最忆是杭州，山寺月中寻桂子，郡亭枕上看潮头，何日更重游。”宋代朱熹《咏岩桂》赞道：“亭亭岩下桂，岁晚独芬芳。叶密千层绿，花开万点黄。”张岱钟爱花草，自然对香味独特的桂花十分关注。他听闻苏州香山的桂花享有盛名，但香山被墓地覆盖，充满荒凉阴森之气，不利于自己长久伫立欣赏。而单醪河的钱氏二桂，则衰败不堪，枝桠光秃，毫无美感。唯独朱文懿宅子后面的桂树枝叶茂盛，树荫绵延，下面可容纳三四十人，是不可多得的大桂树。可惜主人并不爱惜，将其遗弃在藩篱之间，花开时不让人前往观看，主人自己也从不踏足靠近，任由桂花自开自谢。

张岱由此引发感慨，一方面引用《庄子》中的典故：“吾有大树，人谓之樗。其大本拥肿而不中绳墨，其小枝卷曲而不中规矩，立之涂，匠者不顾。今子之言，大而无用，众所同去也。”通过不成材的樗栎因被工匠厌弃而得以生存数百年的事例，来为朱文懿后人忽视桂花树的行为开脱。另一方面，张岱又论证，贫穷之家的老人虽然能够长命百岁，但体弱多病却惹来子孙厌烦，又如何说长寿是一种美好之事呢？可见，张岱的内心深处还是为朱家桂花的遭遇感到惋惜。

斗鸡社

天启壬戌①间好斗鸡，设斗鸡社于龙山下，仿王勃《斗鸡檄》②，檄同社。仲叔秦一生日携古董、书画、文锦、川扇等物与余博，余鸡屡胜之。仲叔忿懑，金其距③，介④其羽，凡足以助其膈膊䧿咮⑤者，无遗策。又不胜。人有言徐州武阳侯樊哙子孙，斗鸡雄天下，长颈乌喙，能于高桌上啄粟。仲叔心动，密遣使访之，又不得，益忿懑。一日，余阅稗史，有言唐玄宗以酉年酉月生，好斗鸡而亡其国。余亦酉年酉月生，遂止。

【注释】

①天启壬戌：天启二年，即公元1622年。

②《斗鸡檄》：王勃在沛王李贤府中任修撰期间，见李贤与英王李哲斗鸡，便戏为《檄英王鸡》文。但唐高宗看到此文后，认为王勃是在挑拨离间，将其逐出长安。

③距：此处指雄鸡脚掌后突出的像脚趾的部分。

④介：装上铠甲。

《明皇斗鸡图》李嵩（宋）

⑤膈（bì）膊鞱（táo）咮（zhòu）：拟声词，代指鸡在战斗。

【解读】

张岱在此文中主要描述了明代斗鸡的风气。斗鸡在我国具有悠久的历史，早在西周宣王时期就有关于斗鸡的文字记载。到春秋战国时期，斗鸡活动从宫廷流传到民间，此后历经千百年而绵延不绝。历代帝王贵族之中不乏斗鸡高手，如三国时的曹操好斗鸡，专门在邺城（今河北临漳一带）修建了斗鸡台，以供斗鸡之用。曹操之子曹植也十分喜欢斗鸡，并写有许多描述斗鸡场面的文章，如《斗鸡诗》描述道：“长筵坐戏客，斗鸡观闲房。群雄正翕赫，双翅自飞扬。挥羽激清风，悍目发朱光。嘴落轻毛散，严距往往伤。”唐玄

斗鸡场景（图片提供：微图）

宗李隆基更是钟情于养鸡、斗鸡，特意在宫中设立“鸡坊”，饲养了数千只斗鸡。明代天启皇帝朱由校也是斗鸡活动的爱好者，他在龙山脚下设立了斗鸡组织——斗鸡社。

由于明代统治者热衷斗鸡，上行下效，导致全国斗鸡之声处处可闻。张岱年轻时闲暇时间较多，也沉迷于此。此文就提到了他和朋友秦一生斗鸡的故事，张岱屡战屡胜，将秦一生斗鸡的赌注如古董、书画、文锦、川扇等都收归囊中。秦一生心有不甘，为获得胜利，甚至以金包裹斗鸡的后爪，以铠甲武装斗鸡的羽毛，但依然没有获胜。秦一生又听说徐州武阳侯樊哙的后代，养有长颈尖嘴、英勇凶猛的斗鸡，便秘密派遣随从前去拜访，结果还是一无所获，心中的愤怒怨懑之情日盛。秦一生的行为表明，他不是将斗鸡当作休闲娱乐的活动，而是沉迷于此竟不能自拔。再看张岱，就在他志得意满时，偶然间从稗官野史中读到唐玄宗因沉迷斗鸡而使国家衰败，心中大为震撼，为避免自己玩物丧志便从此不再斗鸡。迷途而知返，张岱的品质之高令人赞叹。

栖霞

戊寅冬，余携竹兜一、苍头①一，游栖霞，三宿之。山上下左右鳞次而栉比之岩石颇佳，尽刻佛像，与杭州飞来峰同受黥劓②，是大可恨事。山顶怪石巉岏③，灌木苍郁，有颠僧住之。与余谈，荒诞有奇理，惜不得穷诘之。日晡，上摄山顶观霞，非复霞理，余坐石上痴对。复走庵后，看长江帆影，老鹳河、黄天荡，条条出麓下，悄然有山河辽廓之感。一客盘礴④余前，熟视余，余晋与揖，问之，为萧伯玉⑤先生，因坐与剧谈，庵僧设茶供。伯玉问及补陀⑥，余适以是年朝海归，谈之甚悉。《补陀志》方成，在箧底，出示伯玉，伯玉大喜，为余作叙。取火下山，拉与同寓宿，夜长，无不谈之，伯玉强余再留一宿。

【注释】

①苍头：仆人。

②黥劓（qíng yì）：古代刑罚，黥是在人的脸上刺字并涂墨，劓是割

掉鼻子。此处指破坏山石。

③巉岏（chán wán）：指山石高耸而险峻。

④盘礴：箕踞而坐，比较随意的样子。

⑤萧伯玉：萧士玮（1585—1651），字伯玉。明天启元年（1621 年）进士，曾任吏部郎中、光禄寺卿等职。

⑥补陀：即浙江普陀山，全名补陀落迦山，亦称“补落迦”“补陀”等。为中国佛教四大名山之一，素有“海天佛国”“南海圣境”之美誉。

【解读】

此文记述了张岱在杭州栖霞岭游玩的经历。当时正值冬天，张岱携轿夫、仆人前往栖霞岭观赏风景。栖霞岭位于杭州西湖之畔，因岭上曾经遍布桃花，桃花盛开时犹如彩霞，故而得名。栖霞岭上树木蓊郁，景色幽深，是人们休闲的好地方。张岱到达栖霞岭时，虽然不是草木茂盛的春季和夏季，但鳞次栉比的山峰、高峻奇绝的岩石依然让张岱欣喜不已。然而，天生怪异的岩石却被大量雕刻成佛像，失去了自然天成之美。张岱认为这是对栖霞岭的破坏，为一大憾事。好在后来遇到了意趣相投的颠僧、萧伯玉，张岱的心情又重新开朗起来。颠僧住在栖霞岭的苍郁丛林之中，眼界开阔，见解不凡，谈吐荒诞而又精妙绝伦，深深吸引着张岱。只是颠僧很快就离去，谈话未能尽兴。张岱在百无聊赖之际，绕过栖霞岭上的庵堂，远眺长江中穿梭往来的帆船，看老鹳河、黄天荡等河流从山麓下奔腾而出。就在这时，张岱发现了在他前方箕踞而坐的萧伯玉。两人以文相会，相谈甚欢，以至于在栖霞岭上留宿了一夜又一夜。

全篇融写景与叙事为一体，既描绘出栖霞岭的独特风貌和波澜壮阔的视野，又展现出张岱等人的性情与修养。

湖心亭看雪

崇祯五年十二月，余住西湖。大雪三日，湖中人鸟声俱绝。是日更定①矣，余拏②一小舟，拥毳衣③炉火，独往湖心亭看雪。雾凇沆砀④，天与云、与山、与水，上下一白。湖上影子，惟长堤一痕，湖心亭一点，与余舟一芥，舟中人两三粒而已。到亭上，有两人铺毡对坐，一童子烧酒，炉正沸。见余大惊喜，曰："湖中焉得更有此人！"拉余同饮。余强饮三大白⑤而别。问其姓氏，是金陵人，客此。及下船，舟子⑥喃喃曰："莫说相公痴，更有痴似相公者。"

【注释】

①更定：初更以后，即晚上八九点左右。
②拏（ná）：同"拿"，牵引。这里指划船的意思。
③毳（cuì）衣：以毛皮制作而成的衣服。毳，鸟兽的细毛。
④沆砀（hàng dàng）：烟雾弥漫的样子。
⑤大白：大酒杯，此处指酒。

《西湖胜迹图册》之湖心亭　宋懋晋（明）

⑥舟子：船夫。

【解读】

《湖心亭看雪》是张岱的代表作，也是中国古代散文史上的名篇，记述了张岱到杭州西湖湖心亭观看雪景、偶遇知己的趣事。张岱在开篇即交代了看雪的时间和天气状况，即崇祯五年（1632 年）十二月的大雪天之后，当时西湖中不见行人和飞鸟，万籁俱寂。然

杭州西湖湖心亭

而，张岱却在如此肃杀冷寂的环境中选择去赏雪，可见其与众不同的生活情趣。紧接着，张岱具体描述了看雪的经过。当天晚上八点左右，他穿上细毛皮衣，怀抱火炉，独自撑着一只小船前往湖心亭。飘荡在湖中，他得以遍览幽静深远、洁白广阔的雪景：烟雾弥漫，雪花的水汽凝结在树木上形成美丽的雾凇奇观，天云一色，山水一体，天地之间都是白茫茫一片。触目所及，只能隐约看见“长堤一痕，湖心亭一点”，以及张岱自己的一叶小舟和其他两三点船只。寥寥几笔，就勾勒出意境绝美的雪景。然后，张岱笔锋一转，开始叙述自己在湖心亭与游人的偶遇。在雪后的夜晚，能够外出赏景的必然都是与众不同之人，所以张岱与游人一见如故，皆大喜，感慨“湖中焉得更有此人”。

全篇写景与叙事相结合，笔调自然流畅，通过志趣高雅的游人反衬出西湖雪景的美妙，一静一动皆栩栩如生，情致深长。

陈章侯

崇祯己卯①八月十三，侍南华老人②饮湖舫，先月早归。章侯怅怅向余曰："如此好月，拥被卧耶？"余敕苍头携家酿斗许，呼一小划船再到断桥，章侯独饮，不觉沾醉。过玉莲亭，丁叔潜呼舟北岸，出塘栖蜜桔相饷，畅啖之。章侯方卧船上嚎嚣。岸上有女郎，命童子致意云："相公船肯载我女郎至一桥否？"余许之。女郎欣然下，轻纨淡弱，婉嫕③可人。章侯被酒④挑之曰："女郎侠如张一妹，能同虬髯客饮否？"女郎欣然就饮。移舟至一桥，漏二下⑤矣，竟倾家酿而去。问其住处，笑而不答。章侯欲蹑之，见其过岳王坟⑥，不能追也。

【注释】

①崇祯己卯：崇祯十二年，即公元 1639 年。

②南华老人：张岱的季祖，为张岱祖父张汝霖之弟。

③婉嫕（yì）：温婉娴静。

④被酒：醉酒。
⑤漏二下：二更，指晚上九时至十一时。
⑥岳王坟：岳飞墓，位于浙江杭州栖霞岭，墓前跪着四个陷害岳飞的奸臣秦桧、王氏、张俊、万俟卨的铜像。

【解读】

此文记述了张岱与陈洪绶等人在月夜饮酒时，邂逅神秘女子的奇异经历。事情发生在1639年的八月十三日，张岱陪同南华老人在船上饮酒，但南华老人很早就要回去。同行的友人陈洪绶颇为失落，认为月光如此皎洁，若拥被而睡则很可惜。张岱于是便留了下来，并让仆人携带自家酿造的美酒，招呼小船前往断桥。断桥位于西湖白堤的东端，在唐代就已建成，因白娘子与许仙断桥相会的故事而享有盛名。伫立断桥的桥头，可将

西湖断桥

远山近水尽收眼底，而断桥残雪则为西湖十景之一。但陈洪绶并未像其他人一样沉醉在如斯美景之中，只是一人独自饮酒至醉，躺在船上肆意嚎叫。

等船过了玉莲亭，张岱的仆人丁叔又招呼小船向北岸前行。想不到的是，在寂静的月夜之中，岸上竟然伫立着一个身姿窈窕的女子，她请求搭载张岱的船至一桥。张岱欣然应允。此时醉酒的陈洪绶，见女子温婉娴静、素雅可人，便出言调戏，将自己比作是唐代风尘三侠之一的虬髯客，将女子誉为传奇小说《虬髯客传》中的女侠张一妹，并让女子与自己一同对饮。女子没有推辞，待二更到达一桥时，便将酒全部饮完，告辞离去。几人问及女子的住处，她却讳莫如深。因此陈洪绶打算跟踪女子，但在经过岳飞墓后就看不到女子的身影了。

《女仙图》 陈洪绶（明）

月夜邂逅美丽女子，原本是一件浪漫的事情，但最后因为女子的神秘行踪却增添了一分恐怖。张岱在叙事此事时，明显受到了志怪小说的影响，与清代蒲松龄的《聊斋志异》有异曲同工之妙。至于文中描述的明代著名画家陈洪绶风流浪荡的形象，则让人忍俊不禁。

卷四

秦淮河房

秦淮河河房①，便寓、便交际、便淫冶，房值甚贵，而寓之者无虚日。画船萧鼓，去去来来，周折其间。河房之外，家有露台，朱栏绮疏，竹帘纱幔。夏月浴罢，露台杂坐。两岸水楼中，茉莉风起动儿女香甚。女客团扇轻纨，缓鬓倾髻，软媚著人。年年端午，京城士女填溢，竞看灯船。好事者集小篷船百什艇，篷上挂羊角灯如联珠，船首尾相衔，有连至十余艇者。船如烛龙火蜃②，屈曲连蜷，蟠委旋折，水火激射。舟中镦钹星铙③，宴歌弦管，腾腾如沸。士女凭栏轰笑，声光凌乱，耳目不能自主。午夜，曲倦灯残，星星自散。钟伯敬④有《秦淮河灯船赋》，备极形致。

【注释】

①河房：河边的房屋。

②蜃：神话传说中蛟龙一类的动物，能吐气成海市蜃楼。

秦淮河畔

③镦钹星铙：敲打乐器的意思。钹，圆形打击乐器。星，状如小杯的碰钟。铙，形制与钹类似的打击乐器。

④钟伯敬：钟惺（1574—1624），字伯敬，竟陵（今湖北天门）人，明万历三十八年(1610年)进士，曾任礼部主事、福建提学佥事等职，后归隐不仕，明末文学流派“竟陵派”的代表人物。

【解读】

张岱在此篇短文中，主要描绘了南京秦淮河两岸的房屋及其风土人情。秦淮河为长江下游的一条支流，大部分水域在南京境内，有“十里秦淮”之称，是南京古老文明的摇篮，被誉为“中国第一历史文化名河”。早在新石器时代，秦淮河流域就有人类活动；到六朝时更是成为名门望族、商贾富豪的聚居地，两岸酒家林立，商船往来不息；隋唐时期，秦淮河一度衰落，但依然有许多文人墨客前往怀古凭吊；宋代时开始成为江南文化的中心，当时的江南贡院

南京江南贡院牌楼

为中国古代最大的科举考场，造就了秦淮河畔的风流文采；明清两代，十里秦淮达到鼎盛时期，秦淮八艳的故事更是脍炙人口。

张岱到达秦淮河时，首先注意秦淮河两岸的房屋。房屋沿河而建，有华丽的游船环绕其间，非常适宜居住、交际和休闲娱乐，因而房价虽然很高，但是租住在此的人却络绎不绝。房屋的外侧，家家都置有装饰精美的露台。夏天沐浴之后，人们在露台上混杂而坐，尤其是手执团扇、梳着发髻的女子，在微风中更显娇媚动人。紧接着，张岱从秦淮河房过渡到秦淮灯景，以细致的笔墨描绘了秦淮河畔的华灯盛景。满城士女竞出、十余只灯船首尾相接、船如盘桓之蛟龙、船内声乐不止、午夜后灯残光消……张岱的描写简明精辟，体现出其一贯的写作特色。

兖州阅武

辛未①三月，余至兖州，见直指②阅武③。马骑三千，步兵七千，军容甚壮。马蹄卒步，滔滔旷旷，眼与俱驶，猛掣始回。其阵法奇在变换，旝④动而鼓，左抽右旋，疾若风雨。阵既成列，则进图直指前，立一牌曰"某阵变某阵"。连变十余阵，奇不在整齐而在便捷。扮敌人百余骑，数里外烟尘坌⑤起。迾卒⑥五骑，小如黑子，顷刻驰至，入辕门报警。建大将旗鼓，出奇设伏。敌骑突至，一鼓成擒，俘献中军。内以姣童扮女三四十骑，荷旃⑦被毳，绣袪⑧魋结⑨，马上走解，颠倒横竖，借骑翻腾，柔如无骨。乐奏马上，三弦、胡拨、琥珀词、四上儿、密失、叉儿机、僸佅⑩兜离，罔不毕集，在直指筵前供唱，北调淫俚，曲尽其妙。是年，参将罗某，北人，所扮者皆其歌童外宅，故极姣丽，恐易人为之，未必能尔也。

【注释】

①辛未：崇祯四年，即公元1631年。
②直指：朝廷在地方设置的专管巡视、处理政事的官员。
③阅武：阅兵。
④旝（kuài）：古代作战指挥所用的令旗。
⑤坌（bèn）：涌。
⑥迾（liè）卒：负责防备的士卒。迾，警戒。
⑦荷旃：荷，承载、穿戴；旃，同“毡”。
⑧袪：衣袖口。
⑨魋（tuí）结：同“魋髻”，指椎形的髻。
⑩僸佅（jìn mài）：泛指我国古代北部和东部地区的少数民族音乐。

【解读】

此文记录了张岱在山东兖州观看阅兵的经历。崇祯四年（1631年），张岱到达兖州，恰逢看到直指挥使阅兵。参与阅兵的士卒包括三千马骑、七千步兵，军容非常壮观。士卒不仅展示了变化多样、疾若风雨的十余种阵法，还演示出面对敌人入侵后的一系列反应，如侦察兵急奔到营门报警、奇兵埋伏制敌、押解俘虏至中军。张岱虽为一介文人，观察力却非常细致，片言只语就将军队规模、阵法变换、迎敌擒敌的过程交代清楚，对兖州的军队素质也大为赞赏。然而，阅兵并未就此结束，战鼓激昂的场面很快就被得胜庆功时的歌舞升平取代。在统帅所在的中军，三四十骑面容姣好的男童装扮成盛装的女子形象，在马上表演技艺，“借骑翻腾，柔如无骨”。而三弦、胡拨、琥珀词等杂技、弹唱无不齐全，将北方曲调演奏得十分美妙。再看这些男童，竟然是参将罗某专门供养的歌童。

张岱以细致的笔法，将阅兵场面和杂技表演描写得绘声绘色。尤其是极尽优美的杂技演出，也从侧面反映了明末武官纵情声色、军备松弛的不堪状况，说明承平日久的明朝在面临内忧外患时，并没有实际的战斗力。

牛首山打猎

戊寅冬，余在留都，同族人隆平侯，与其弟勋卫、甥赵忻城、贵州杨爱生、扬州顾不盈、余友吕吉士、姚简叔，姬侍①王月生②、顾眉③、董白④、李十、杨能，取戎衣衣客，并衣姬侍。

姬侍服大红锦狐嵌箭衣⑤、昭君套⑥，乘款段马⑦，鞲青骹⑧，绁韩卢⑨，统箭手百余人，旗帜棍棒称是，出南门，校猎于牛首山前后，极驰骤纵送之乐。得鹿一、麂三、兔四、雉三、猫狸七。看剧于献花岩，宿于祖茔。次日午后猎归，出鹿麂以飨士，复纵饮于隆平家。江南不晓猎较为何事，余见之图画戏剧，今身亲为之，果称雄快。然自须勋戚豪右为之，寒酸不办也。

【注释】

①姬侍：旧时称呼以歌舞为业的歌妓。

②王月生：秦淮名妓，姿色出众，才情斐然，擅长楷书、绘画，性好茶，后因惹怒张献忠而被杀死。

牛首烟岚

③顾眉：即顾横波（1619—1664），秦淮八艳之一，善音律和画兰。
④董白：即董小宛（1624—1651），秦淮八艳之一，诗画皆佳，尤擅抚琴。
⑤箭衣：紧袖服装，袖口上长下短，便于射箭。
⑥昭君套：古代女子头饰，形如帽套，是用条状貂皮围于髻下额上，相传昭君出塞时曾作此装扮，故名。
⑦款段马：行动缓慢的马。
⑧鞲（gōu）：射箭时所用的皮制臂套；青骹（qiāo）：青腿的猎鹰。
⑨绁（xiè）：捆绑；韩卢：战国时韩国的黑色名犬，此处泛指良犬。

【解读】

牛首山位于南京江宁区境内，因山顶南北双峰似牛角而得名，漫山植物丰富，烟雾弥蒙，在清乾隆年间以“牛首烟岚”成为金陵四十八景之一。此文即记叙了张岱在南京牛首山打猎的经历。

明崇祯十一年（1638 年）的冬天，张岱和族人隆平侯张拱微以及张勋卫、赵忻城等亲朋好友一起到牛首山围猎，同行的还有秦淮名妓王月生、顾眉、董白、李十和杨能。隆平侯把军队的服装取来给客人穿，甚至也为姬侍准备了专门的狩猎服饰。姬侍身穿大红锦狐，上嵌箭衣、昭君套，乘行路缓慢的款段马。男人们则骑青骢马，牵着狩猎两犬，带百余个射箭手，从南门向牛首山进发。他们在狩猎中不仅享受了纵马奔驰的欢乐，还得到了一头鹿、三只麂、四只兔、三只野雉和七只猫狸。打猎之后，又有看戏、祭祖和豪饮的活动，生活可谓潇洒恣意。

张岱生活的江南地区，很少有如此规模盛大的打猎活动，他本人之前也只是在戏剧和图画中看到，如今亲自经历打猎盛况，心中难免不觉得大快人心。但同时，张岱也生出许多感慨，叹息只有身份显赫、地位尊贵的豪强之家才能有幸享受围猎的乐趣，寒酸的老百姓却无福经历。从这种慨叹中可以看出，出身显贵的张岱内心深处依然存在善良节制的一面。

明代贵族射猎场景

杨神庙[1]台阁

枫桥[2]杨神庙，九月迎台阁。十年前迎台阁，台阁而已。自骆氏兄弟主之，一以思致文理为之。扮马上故事二三十骑，扮传奇一本，年年换，三日亦三换之。其人与传奇中人必酷肖方用，全在未扮时，一指点为某似某，非人人绝倒者不之用。迎[3]后，如扮胡梿者，直呼为胡梿，遂无不胡梿之，而此人反失其姓。人定，然后议扮法，必裂缯[4]为之。果其人其袍铠须某色、某缎、某花样，虽匹锦数十金不惜也。一冠一履，主人全副精神在焉。诸友中有能生造刻画者，一月前礼聘至，匠意为之，唯其使。装束备，先期扮演，非百口叫绝，又不用。故一人一骑，其中思致文理，如玩古董名画，一勾一勒，不得放过焉。土人有小小灾祲[5]，辄以小白旗一面，到庙禳[6]之，所积盈库。是日以一竿穿旗三四，一人持竿三四，走神前，长可七八里，如几百万白蝴蝶，回翔盘礴在山坳树隙。四方来观者数十万人。市枫桥下，亦摊亦簉。台阁上马，上有金珠宝石堕地，拾者如有物凭焉不能去，必送还神前。其在树丛田坎间者，问神，辄示其处，不或爽⑦。

【注释】

①杨神庙：即枫桥大庙戏台，始建于南宋，毁于清咸丰十一年（1861年）的战火之中，后得以修复，由戏台、钟楼、鼓楼、前厅、中厅、后厅、东西厢房等组成。
②枫桥：即今浙江省诸暨市枫桥镇，位于绍兴城西南。
③迎：选用。
④缯（zēng）：丝织品的总称。
⑤灾祲：灾难。
⑥禳（ráng）：祈祷消除灾难。
⑦爽：差错。

【解读】

此文记叙了浙江枫桥杨神庙的祭祀风俗。每年九月祭祀期间，杨神庙都会举行迎台阁的活动。迎台阁又称“台阁”，是流传于民间的传统表演艺术，即人物装扮成各种戏曲人物，捆扎固定在台阁铁架上，抬着或推着游行。

在张岱看来，枫桥十年前的迎台阁并不出彩，但自从骆氏兄弟主持祭典后，迎台阁活动也出现了巨大的改变。上演的戏曲剧目明显增多，且每年都进行更换。在选取演员时，扮演者也必须与戏曲中的人物酷似，否则不会采用。由于扮演者的戏曲形象鲜明生动，以至于人们都以戏曲中的人物称呼此人，长此以往，扮演者反而失去了原来的姓名。至于服装和道具，也力求精美、应景，袍服、铠

迎台阁中的戏曲人物（图片提供：微图）

甲、纹饰、头冠、鞋子无不与原物相符，即使是耗费多匹锦缎和数十金也在所不惜。扮演者装扮完毕，首先要试演，如果不符合戏曲形象，不能让人拍案叫绝，同样不会被聘用。杨神庙不仅是祭祀时的活动中心，也是枫桥当地人祈福消灾之处。当人们遇到灾祸时，会手持小白旗前往杨神庙祷告。白旗众多时，如同众多白色蝴蝶在山谷树林中翩翩起舞，吸引四方之众前来观看。而当用于祭祀、祈福的珠宝遗失到地上，百姓也会尽数归还，不会据为私有。

纵观全文，张岱以细致的笔法描述了骆氏兄弟对于迎台阁活动的重视和精益求精的精神，同时也反映出枫桥的淳朴民风。

二十四桥风月

广陵①二十四桥风月，邗沟②尚存其意。渡钞关③，横亘半里许，为巷者九条。巷故④九，凡周旋折旋于巷之左右前后者，什百之。巷口狭而肠曲，寸寸节节，有精房密户，名妓、歪妓⑤杂处之。名妓匿不见人，非向道莫得入。歪妓多可五六百人，每日傍晚，膏沐熏烧⑥，出巷口，倚徙⑦盘礴于茶馆、酒肆之前，谓之“站关”。茶馆、酒肆，岸上纱灯百盏，诸妓掩映闪灭于其间，疤戾⑧者帘，雄趾⑨者阈⑩。灯前月下，人无正色，所谓“一白能遮百丑”者，粉之力也。游子过客，往来如梭，摩睛相觑，有当意者，逼⑪前牵之去，而是妓忽出身分，肃客先行，自缓步尾之。至巷口，有侦伺者，向巷门呼曰：“某姐有客了！”内应声如雷。火燎⑫即出，一一俱去，剩者不过二三十人。

沉沉二漏，灯烛将烬，茶馆黑魆无人声。茶博士⑬不好请出，惟作呵欠，而诸妓醵钱⑭向茶博士买烛寸许，以待迟客。或发娇声，唱《劈破玉》等小词，或自相谑浪嘻笑，故作热闹，以乱时候。然笑言哑哑声中，渐带凄楚。夜分不得不去，悄然暗摸如鬼，见老鸨，受饿、受笞，俱不可知矣。

余族弟卓如，美须髯，有情痴，善笑，到钞关必狎妓，向余噱⑮曰："弟今日之乐，不减王公。"余曰："何谓也？"曰："王公大人侍妾数百，到晚耽耽望幸，当御者不过一人。弟过钞关，美人数百人，目挑心招，视我如潘安，弟颐指气使，任意拣择，亦必得一当意者呼而侍我。王公大人，岂过我哉！"复大噱，余亦大噱。

【注释】

①广陵：今江苏扬州。
②邗（hán）沟：春秋时吴王夫差开凿的古运河，南起扬州，北至淮安，连接了长江和淮河两大水系。
③钞关：明代政府为征税而设置的关卡。
④故：原来。
⑤歪妓：以色侍人的下等妓女。
⑥膏沐熏烧：沐浴熏香。
⑦倚徙：徘徊。
⑧疤戾：皮肤上的疤痕。
⑨雄趾：大脚。
⑩阈（yù）：门槛。
⑪逼：靠近。
⑫火燎：火把。
⑬茶博士：茶馆师傅。博士是古人对有某种技艺的人的尊称。
⑭醵（jù）钱：凑钱。
⑮噱：大笑。

扬州二十四桥

【解读】

扬州二十四桥是著名的单孔拱桥，如玉带飘逸，似霓虹卧波，历来都是才子佳人咏叹之物象。唐代诗人杜牧在《寄扬州韩绰判官》中写道："青山隐隐水迢迢，秋尽江南草未凋。二十四桥明月夜，玉人何处教吹箫？"南宋词人姜夔《扬州慢》云："二十四桥仍在，波心荡，冷月无声。"诗因桥而咏出，桥因诗而闻名海内外。

作为文人欢聚、歌妓吟唱之地，扬州二十四桥的风月在张岱生活的年代，只有邗沟仍残留有一丝余韵，但这依然不能阻挡张岱对二十四桥的探寻。在他的笔下，重点描写了妓女的生存状态和凄凉心境。渡过邗沟附近的钞关，横穿半里长的路，便能看到妓女聚居的小巷。巷口狭小，巷内曲折幽深，遍布精美的小房

《武林春图》中的江南名妓 吴伟（明）

舍，是妓女杂处之地。名妓深居简出，没有熟悉的人引荐从不肯轻易接客。然而，低等的妓女却多达五六百人，她们为了生活，每到华灯初上，便沐浴熏香，装点蛾眉，纷纷走出巷口，徘徊于酒肆茶楼之前以招揽客人，即所谓的“站关”。茶楼酒肆挂有纱灯，妓女在灯光的掩映下忽隐忽现，脸上有疤、身材有缺陷的大多掩藏在纱帘之中，脚大的则立在门槛内。柔和灯光与朦胧月色交相辉映，使人看不清她们真正的肤色，而白粉、胭脂则把她们装扮得千娇百媚，绰约多姿。往来穿梭的游人过客总是毫不避忌地驻足打量，看见满意的女子就直接上前牵走。而妓女意识到自己卑微的身份，常常恭敬地让客人走在前面，自己慢步尾随。随着夜色渐浓，妓女不断跟随嫖客离开酒肆茶馆，到最后也仅剩二三十人。

待二更时分，茶馆的烛火燃烧将尽，周围陷入黑暗与寂静之中。茶馆师傅不好意思让妓女回去，只好假装打哈欠作为暗示。余下的二三十个妓女会意，便凑钱向茶馆师傅购买蜡烛，希望能够等到迟来的客人。她们或者娇声交谈，或者低声吟唱小曲，又或是嬉笑打闹。但一切都只不过是故作欢乐，甜美的笑声中难掩凄楚。到了半夜，始终没有生意的妓女不得不起身离去，她们在黑暗中摸索，如同鬼魅一般。而回去后见到老鸨，妓女们是否要挨饿受打，便不得而知了。

篇末，张岱又通过族弟在钞关召妓的经历和其对待妓女的态度，从侧面进一步反映出妓女的卑微处境。在叙述中，张岱也流露出对妓女深深的同情和怜悯，反映了他的单纯与善良。

世美堂灯

儿时跨苍头颈，犹及见王新建①灯。灯皆贵重华美，珠灯料丝无论，即羊角灯亦描金细画，缨络罩之。悬灯百盏，尚须秉烛而行，大是闷人。余见《水浒传》“灯景诗”有云：“楼台上下火照火，车马往来人看人。”已尽灯理。余谓灯不在多，总求一亮。余每放灯，必用如椽大烛，专令数人剪卸烬煤，故光迸重垣②，无微不见。十年前，里人③有李某者，为闽中二尹，抚台④委其造灯，选雕佛匠，穷工极巧，造灯十架，凡两年，灯成而抚台已物故⑤，携归藏椟中。又十年许，知余好灯，举以相赠，余酬之五十金，十不当一，是为主灯。遂以烧珠、料丝、羊角、剔纱诸灯辅之。而友人有夏耳金者，剪彩为花，巧夺天工，罩以冰纱，有烟笼芍药之致。更用粗铁线界划规矩，匠意出样，剔纱为蜀锦，墁⑥其界地，鲜艳出人。耳金岁供镇神，必造灯一盏，灯后，余每以善价购之。余一小傒善收藏，虽纸灯亦十年不得坏，故灯日富。又

《观灯图》【局部】李嵩（宋）

从南京得赵士元夹纱屏及灯带数副，皆属鬼工，决非人力。灯宵，出其所有，便称胜事。鼓吹弦索，厮养臧获，皆能为之。

有苍头善制盆花，夏间以羊毛炼泥墩，高二尺许，筑“地涌金莲”，声同雷炮。花盖亩余，不用煞拍⑦鼓铙，清吹⑧唢呐应之，望花缓急为唢呐缓急，望花高下为唢呐高下。灯不演剧，则灯意不酣；然无队舞鼓吹，则灯焰不发。余敕小傒串元剧四五十本。演元剧四出，则队舞一回，鼓吹一回，弦索一回。其间浓淡、繁简、松实之妙，全在主人位置。使易人易地为之，自不能尔尔。故越中夸灯事之盛，必曰“世美堂灯”。

【注释】

①王新建：即王守仁（1472—1529），字伯安，号阳明子，明代著名思想家、心学大师，死后被追赠“新建侯”，故人称“王新建”。
②重垣：多层墙壁。
③里人：同乡。
④抚台：明清时期对巡抚的别称。
⑤物故：去世。
⑥墁（màn）：粉饰。
⑦煞拍：指打击乐器中的拍板。
⑧清吹：笙笛之类的管乐。

【解读】

此文记述了张岱收藏花灯的事迹。张岱在年幼时，便有幸观看了王新建的华美花灯。这些灯皆以贵重的丝帛料制成，以透明角料制成的羊角灯尤为精美，不仅以金银粉勾勒描画图案，还在外面罩上珠玉串成的装饰品。但悬挂百余盏此种花灯，却依然需要拿着蜡烛照明。张岱对此颇为不解，认为灯不在于数量的多少，而在于明亮照人。所以，张岱后来放花灯时，皆以“光迸重垣，无微不见”为选灯的首要标准。

明代是中国历史上花灯最为兴盛的时期，统治者非常重视灯会。据史料记载，明太祖朱元璋建都应天（今南京）后，为庆贺元宵节，下令富商在南京城内放灯十日，并在秦淮河上燃放水灯万盏，场景蔚为大观。即使到了今天，秦淮河畔的夫子庙灯会依然是游人赏灯胜地。明成祖朱棣迁都北京时，专门在北京东华门设置长约千米的灯市，每晚花灯通宵照耀，乐舞杂耍喧闹达旦。

如同明朝皇帝钟爱花灯一样，张岱对花灯始终都存在一种莫名的感情，一生中更是收集了许多具有特色的花灯。比如他的同乡李某耗费两年时间为巡抚制造的花灯，穷工极巧，最后却机缘巧合地

龙船灯

被张岱得到；其友人制作的剪彩花灯，以冰纱、蜀锦装饰，鲜艳动人；甚至为祭神而制造的精美花灯，也会被高价购买。除了绍兴本地的花灯，张岱还从南京的制灯名家赵士元手中购得夹纱屏灯。这些花灯各具特色，都成为张岱收藏的精品。更幸运的是，张岱还有一个善于保养花灯的仆人，即使是纸灯也能保存十年而没有丝毫损坏。张岱的仆人中更有会制作大型烟花灯和精于吹拉弹唱的，他们将耀眼的花灯、绚烂的烟火和喧闹的杂剧相结合，创造了热闹非凡和独一无二的灯景。因此，张岱在篇末不无得意的自夸，越中灯事之首，唯其所属的“世美堂灯”。

张氏声伎[1]

谢太傅[2]不畜声伎，曰："畏解[3]，故不畜。"王右军[4]曰："老年赖丝竹陶写[5]，恒恐儿辈觉。"曰"解"，曰"觉"，古人用字深确。盖声音之道，入人最微，一解则自不能已，一觉则自不能禁也。我家声伎，前世无之，自大父于万历年间与范长白、邹愚公、黄贞父、包涵所诸先生讲究此道，遂破天荒为之。有"可餐班"，以张彩、王可餐、何闰、张福寿名；次则"武陵班"，以何韵士、傅吉甫、夏清之名；再次则"梯仙班"，以高眉生、李岕生、马蓝生名；再次则"吴郡班"，以王畹生、夏汝开、杨啸生名；再次则"苏小小班"，以马小卿、潘小妃名；再次则平子"茂苑班"，以李含香、顾岕竹、应楚烟、杨騄駬名。

主人解事[6]日精一日，而傒童技艺亦愈出愈奇。余历年半百，小傒自小而老、老而复小、小而复老者，凡五易之。无论"可餐""武陵"诸人，如三代法物，不可复见；“梯仙”“吴郡”，间有存者，皆为佝偻老人；而“苏小小班”亦强半化为异物矣；“茂苑班”则吾弟先去，而诸人再易其主。余则婆娑一老，以碧眼波斯，尚能别其妍丑⑦。山中人至海上归，种种海错，皆在其眼，请共舐之。

【注释】

①声伎：古代宫廷及贵族家中的歌姬舞女。
②谢太傅：即谢安（320—385），字安石，东晋著名政治家和书法家，因死后被追赠太傅而称“谢太傅”。
③解：精神涣散。
④王右军：王羲之（303—361，一作321—379），字逸少，东晋著名书法家，被誉为“书圣”。因曾官拜右军将军，世称“王右军”。
⑤陶写：陶冶情操，消愁解闷。
⑥解事：明晓事理，此处指精于戏曲。
⑦妍丑：美丑。

【解读】

此文记叙了张岱家族中蓄养声伎的情况。张岱本人虽然喜爱戏曲，但在他眼中，贪图逸乐不合圣人之道，所以开篇便借谢安和王羲之担忧声伎会自不能已的话表明立场。事实上，张家在张岱祖父之前也是没有声伎的，只是到了他祖父一代，因为受到范长白、邹愚公、黄贞父、包涵所的影响才开了先例。张家前后共有五班声伎，张岱对这五班的名称和名角都记忆犹新。只是到后来，五班声伎或因张家主人的去世，或因变老而逐渐解散。张岱在叙事中并没有强烈的感情波动，但人们依然能够感受到其中的淡淡哀伤。

昆曲表演

除了张家，明末许多士大夫家中都蓄养声伎。这些文人雅士热衷于看戏、创作与排演戏曲剧目，甚至亲自客串戏曲中的角色，这在前代是很少出现的景象。此外，明代的剧作家大多属于士大夫阶层，如王世贞、汤显祖、汪道昆、阮大铖等。他们与元曲的创作者多为平民和胥吏不同，因而有能力蓄养声伎。如当时的戏曲家李开先、戏曲理论家何良俊和张岱家中养的戏班子均赫赫有名。明代文人最为推崇的戏种当属发源于昆山的昆山腔。昆山腔是中国传统戏曲中最古老的剧种之一，早在元末时期就已在苏州昆山（属太仓州）一带出现，后与海盐腔、余姚腔和弋阳腔并称“明代四大声腔”。昆山腔因为有文人的参与创作，相较于其他戏种更增添了几分“文”意，无论是唱腔、武打动作，还是舞台布置、戏服，都呈现出典雅和隽永之意蕴，因而在明清之际非常流行。

泰安州①客店

客店至泰安州，不复敢以客店目之。余进香泰山，未至店里许，见驴马槽房二三十间；再近，有戏子寓二十余处；再近，则密户曲房，皆妓女妖冶其中。余谓是一州之事，不知其为一店之事也。投店者，先至一厅事②，上簿挂号③，人纳店例银三钱八分，又人纳税山银一钱八分。店房三等：下客夜素，早亦素，午在山上用素酒果核劳④之，谓之“接顶”。夜至店，设席贺，谓烧香后求官得官，求子得子，求利得利，故曰贺也。贺亦三等：上者专席，糖饼、五果、十肴、果核、演戏；次者二人一席，亦糖饼，亦肴核，亦演戏；下者三四人一席，亦糖饼、肴核，不演戏，用弹唱。计其店中，演戏者二十余处，弹唱者不胜计。庖厨炊爨⑤亦二十余所，奔走服役者一二百人。下山后，荤酒狎妓惟所欲，此皆一日事也。若上山落山，客日日至，而新旧客房不相袭，荤素庖厨不相混，迎送厮役不相兼，是则不可测识之矣。泰安一州与此店比者五六所，又更奇。

【注释】

①泰安州：今山东泰安。
②厅事：大厅。
③上簿挂号：登记入册。
④劳：款待。
⑤爨（cuàn）：烧火做饭。

【解读】

此文描述了山东泰安客栈的经营情况。张岱到泰山进香拜佛，夜晚投宿于泰安州客栈，得以见识到此店的与众不同，由此发出了“不复敢以客店目之”的感慨。离此店还有一段路，就能够看见店里有二三十间喂养驴马的槽房，再靠近，则是戏子的居所和妓女的曲房，可谓功能齐全。旅客住宿时，首先要到大厅登记挂号，缴纳房费三钱八分和税款一钱八分。店家中午会在山上以素酒、鲜果和干果招待客人，称为“接顶”。对于晚上到达的客人，客栈专门设筵招待，称“贺席”，并美其名为求官、求子、求利之意。贺席分为三等：上等是专席，可享用饼果、佳肴、果品和观看戏曲表演；次等席的食物和玩乐内容与上等一样，区别在于两人一席；下等席则为三四人一席，有糖饼、佳肴，但不演戏，只有简单的弹唱演奏。

张岱也统计了这个客店内的整体情况，发现演戏待客的有二十多处，弹唱者则不可胜数，而庖厨做饭的地方也有二十多所，奔走服役者达到一二百人。客人从泰山下山后，无论是喝烈酒，还是狎妓，只要是想要的服务都会得以实现，可见泰安州客店在当时就已经形成了相当高的招待规模。更为惊奇的是，像这样的客店在泰安州就有五六所之多。明代商业之发达，可见一斑。

卷五

范长白①

范长白园在天平山②下，万石都焉。龙性难驯，石皆笏起，旁为范文正③墓。园外有长堤，桃柳曲桥，蟠屈湖面，桥尽抵园，园门故作低小，进门则长廊复壁，直达山麓。其绘楼、幔阁、秘室、曲房，故故匿之，不使人见也。山之左为桃源，峭壁回湍，桃花片片流出。右孤山，种梅千树。渡涧为小兰亭，茂林修竹，曲水流觞，件件有之。竹大如椽，明静娟洁，打磨滑泽如扇骨，是则兰亭④所无也。地必古迹，名必古人，此是主人学问。但桃则溪之，梅则屿之，竹则林之，尽可自名其家，不必寄人篱下也。

余至，主人出见。主人与大父同籍⑤，以奇丑著。是日释褐⑥，大父嬲⑦之曰："丑不冠带，范年兄⑧亦冠带了也。"人传以笑。余亟欲一见。及出，状貌果奇，似羊肚石雕一小猱，其鼻垩⑨颧颐犹残缺失次也。冠履精洁，若谐谑谈笑，面目中不应有此。开山堂小饮，绮疏藻幕，备极华褥，秘阁清讴，丝竹摇飏，忽出层垣，知为女乐。饮罢，又移席小兰亭。比晚辞去，主人曰：“宽坐，请看‘少焉’。”余不解，主人曰：“吾乡有缙绅先生，喜调文袋，以《赤壁赋》⑩有‘少焉月出于东山之上’句，遂字月为‘少焉’。顷言‘少焉’者，月也。”固留看月，晚景果妙。主人曰：“四方客来，都不及见小园雪，山石岭岈⑪，银涛蹴起，掀翻五泄⑫，捣碎龙湫⑬，世上伟观，惜不令宗子见也。”步月而出，至元墓，宿葆生⑭叔书画舫中。

【注释】

①范长白：范允临（1558—1641），字长白，明代官员、书画家，传为范仲淹的十七世孙。

②天平山：位于江苏苏州，因山顶正平而得名，并以“红枫、奇石、清泉”三绝著称于世，是北宋范仲淹先祖的归葬之地。

③范文正：范仲淹（989—1052），字希文，谥号文正，北宋著名文学家、政治家。

④兰亭：位于今浙江绍兴西南的兰渚山下，因越王勾践在此植兰、汉代设驿亭而得名。东晋书法家王羲之等文人在此雅集后，使其享有盛名。

⑤同籍：同年中进士。

⑥释褐：指进士及第授官。

⑦嬲（niǎo）：捉弄。

⑧年兄：古代科举考试时，同榜登科者相互间的尊称。

⑨垩（è）：发白。

⑩《赤壁赋》：北宋苏轼所写的散文，包括前后两篇，此处指《前赤壁赋》。

⑪岭岈（hán yá）：幽深。

苏州天平山（图片提供：微图）

⑫五泄：在今浙江诸暨西北的群山之中，因瀑布从崖壁间飞出后折为五级，故称“五泄”。泄，指瀑布。
⑬龙湫：龙湫瀑，位于浙江雁荡山。
⑭葆生：指张岱的叔父张联芳，曾任扬州司马。

【解读】

此文主要描述了范长白园的幽深雅静和范长白其人的博学风趣。园林之美反映出主人的品位，而主人的思想品行则进一步增添了园林的高雅意蕴。

范长白园坐落在苏州天平山下，有“万石之都”的赞誉。园内变化多端，山石突起，旁边还有范仲淹先祖的墓地。园外长堤环绕，又与桃柳掩映、曲折幽深的湖面和拱桥相连。园门故意做得矮小，进门就是长廊与重叠的画壁，一直延伸到天平山脚下。园内亭台楼阁、雅室曲房，都特意隐匿着而不让人看见，设计极为精巧。范长白园由于是在天平山的山麓之下，天平山的独特风貌也构成了园林的自然外景。天平山左面为桃源，湍急的水流从峭壁中汩汩流出，里面夹带着片片桃花；天平山右面则是孤山，漫山遍布高洁的梅花，使范长白园饱含诗意。渡过溪涧为小兰亭，王羲之在《兰亭集序》中描述的“茂林修竹，曲水流觞”，在这里都能够感受到。而此地粗大如椽、姿态明静美好的竹子，却是兰亭所没有的。正是由于桃树生长在溪边，梅花在小山之上凌寒绽放，竹子茂密成林，它们都找到了适合自己的地方，所以才能够呈现出优美的景致，并成就了范长白园的雅致之名。

紧接着，张岱笔锋一转，为人们呈现出相貌丑陋、行为滑稽的主人范长白的形象。张岱先列举了祖父对范长白面貌的调侃之语，然后自己亲眼所见，印证了范长白“状貌果奇，似羊肚石雕一小猱，其鼻垩颧颐犹残缺失次也”，刻画生动有趣，令人忍俊不禁。然而，范长白的奇丑之态并不能阻挡他人格魅力的散发，其“冠履精洁”和“谐谑谈笑”让人顿生肃然之情。及至张岱见识了范长白的待客之道，更加钦佩他博学、文雅、风趣的个性。至此，园林与主人融为一体。

于园

于园在瓜州步①五里铺，富人于五所园也。非显者刺②，则门钥不得出。葆生叔同知瓜州，携余往，主人处处款之。园中无他奇，奇在磥③石。前堂石坡高二丈，上植果子松数棵，缘坡植牡丹、芍药，人不得上，以实奇。后厅临大池，池中奇峰绝壑，陡上陡下，人走池底，仰视莲花，反在天上，以空奇。卧房槛外，一壑旋下，如螺蛳缠，以幽阴深邃奇。再后一水阁，长如艇子，跨小河，四围灌木蒙丛④，禽鸟啾唧，如深山茂林，坐其中，颓然碧窈⑤。瓜州诸园亭，俱以假山显，胎于石，娠于磥石之手，男女于琢磨搜剔之主人，至于园可无憾矣。

仪真⑥汪园，辇石费至四五万，其所最加意者，为“飞来”一峰，阴翳泥污，供人唾骂。余见其弃地下一白石，高一丈、阔二丈而痴，痴妙；一黑石，阔八尺、高丈五而瘦，瘦妙。得此二石足矣，省下二三万收其子母，以世守此二石何如？

【注释】

①步：同“埠”，水边停船处。
②显者：有名望的人；刺：帖子。
③磥：同“垒”，堆砌。
④蒙丛：茂密的样子。
⑤颓然：柔顺的样子；碧窈：碧绿幽深。
⑥仪真：县名，今扬州一带。

江南园林中的叠石

【解读】

此文展现了瓜州于园之美。于园在瓜州停船之地五里铺，是名叫于五的富人所建。于园对访客的要求极高，如果不是有名望的人投下拜帖，园门便不会敞开迎客。张岱的叔父在瓜洲担任同知期间，曾经带他前往于园，得到了园主人的殷勤招待。张岱游览于园，认为此园最为奇特之处就在于园中石块的布置：在前堂有高两丈（约 6.7 米）的石坡，上面种植果子松，沿坡则遍布牡丹、芍药。石坡中没有丝毫空隙，紧密结实；后厅附近的大池塘中，则用石块垒成奇峰绝壑，直上直下，空旷险绝；卧房的栏杆外面，石壑盘旋而下，如同回旋盘绕的贝壳，幽远深邃。除了构造精巧的叠石，于园中的水景也安排巧妙，内有一座横跨于小河之上的水阁，其长如小船，周围灌木茂盛，不时传出清脆鸟语，使人仿若置身在深山密林之中，有清幽苍翠之感。张岱进而论及瓜州所有的园林，虽然都重视石头的堆叠，但不及于园完美。文中还列举了仪真汪园的例子，虽然主人在堆砌山石上破费不少，但由于自身欣赏水平不高，将品味低端的石头当作宝贝，真正有欣赏价值的白石和黑石却废置一边，让人忍俊不禁。

观中国古典园林，其精髓在于叠石和水景的布置，古人能够在有限的空间内体现出无限深远的意境，使整个园林充满灵动的生气，因而决定了园林的品位高低。在明清时期，园林叠石的设计往往出自大家之手，如扬州影园的设计者是造园大家计成，扬州片石山房遗迹的叠石画稿源于清代画家石涛。这些山石或以“取势在曲不在直，命意在空不在实”为理念，或“随形点缀，为砥、为屿、为岩”，呈现出各自的特色。

姚简叔画

姚简叔画千古，人亦千古。戊寅①，简叔客魏为上宾。余寓桃叶渡，往来者闵汶水、曾波臣一二人而已。简叔无半面交，访余，一见如平生欢，遂榻余寓。与余料理米盐之事，不使余知。有空，则拉余饮淮上馆，潦倒②而归。京中诸勋戚、大老、朋侪③、缁衲④、高人、名妓与简叔交者，必使交余，无或遗者。与余同起居者十日，有苍头至，方知其有妾在寓也。简叔塞渊⑤，不露聪明，为人落落难合，孤意一往，使人不可亲疏。与余交，不知何缘，反而求之不得也。

访友报恩寺，出册叶百方，宋元名笔。简叔眼光透入重纸，据梧精思，面无人色。及归，为余仿苏汉臣⑥一图：小儿方据澡盆浴，一脚入水，一脚退缩欲出；宫人蹲盆侧，一手掖儿，一手为儿擤鼻涕；旁坐宫娥，一儿浴起伏其膝，为结绣裾。一图，宫娥盛装端立，有所俟，双鬟尾之；一侍儿捧盘，盘列二瓯，意色向客；一宫娥持其盘，为整茶锹⑦，详视端谨。复视原本，一笔不失。

【注释】

①戊寅：崇祯十一年，即公元1638年。
②潦倒：喝醉。
③朋侪（chái）：朋友。
④缁衲：僧衣，此处指僧人。
⑤塞渊：温厚诚实，见识深远。
⑥苏汉臣（1094—1172）：宋代画家，擅画人物画和宗教画，传世作品有《秋庭婴戏图》《五瑞图》《击乐图》《婴戏图》等。
⑦茶锹（qiāo）：茶匙。

【解读】

姚简叔是明代浙江绍兴的画家，虽然名气在今天并不盛，但在张岱的笔下依然是一个活灵活现的人物。张岱在开篇就直接点明，姚简叔的画千古难得，高尚的品格也甚为少见，继而分别叙述姚简叔的人品与画技。

张岱和姚简叔是在崇祯十一年相识，当时姚简叔为魏王府的贵客，而张岱也恰好客居南京桃花渡。两人最初没有半点交情，但性情中人姚简叔访问张岱之后，两人便一见如故。此后，姚简叔留在张岱的寓所中长住，帮助张岱料理柴米油盐的生活琐事，却不让张岱知晓；又邀请张岱到秦淮酒馆畅饮，每每大醉而归；他本人交情极好的皇亲国戚、僧侣道人、高人名妓等，也一定会介绍给张岱认识，几乎没有遗漏。而根据张岱的观察，姚简叔并不是一个广泛交友的人，反而是“落落难合，孤意一往”，让人难以亲近。他与张岱交好，可见两人性情相投。

姚简叔不仅以兴趣结交朋友，生性单纯耿直，画功也极为传神。他和张岱在报恩寺访友时，看见宋元时期的一些名画，回去之后就提笔临摹宋代画家苏汉臣的一幅图。张岱比较原作之后，发现临摹得竟然一笔不失。其中，关于姚简叔在报恩寺观看画作时的神情，“眼光透入重纸，据梧精思，面无人色”，突出了姚简叔的全神贯注和身心俱忘。

《灌佛戏婴图轴》苏汉臣（宋）

此文叙述简练，落笔干净，不过短短百余字就将姚简叔的性格、品德和画功形象地展示出来，是典型的小品文。

湘湖

西湖，田也而湖之，成湖焉；湘湖，亦田也而湖之，不成湖焉。湖西湖者，坡公也，有意于湖而湖之者也；湖湘湖者，任长者也，不愿湖而湖之者也。任长者有湘湖田数百顷，称巨富。有术者①相②其一夜而贫，不信。县官请湖湘湖，灌萧山田，诏湖之，而长者之田一夜失，遂赤贫如术者言。今虽湖，尚田也，不下插板，不筑堰，则水立涸。是以湖中水道，非熟于湖者不能行咫尺。游湖者坚欲去，必寻湖中小船与湖中识水道之人，溯十阏③三，鲠咽不之畅焉。湖里外锁以桥，里湖愈佳。盖西湖止一湖心亭为眼中黑子，湘湖皆小阜、小墩、小山，乱插水面，四围山趾，棱棱砺砺，濡足入水，尤为奇峭。

余谓西湖如名妓，人人得而媟亵④之；鉴湖如闺秀，可钦而不可狎；湘湖如处子，视娗⑤羞涩，犹及见其未嫁时也。此是定评，确不可易。

湘湖（图片提供：微图）

【注释】

①有术者：会相面的人。
②相：根据面相推测。
③阏（è）：阻止。
④媟（xiè）亵：轻薄，猥亵。
⑤视娗（tiǎn）：腼腆。

【解读】

湘湖位于浙江杭州萧山区，隔钱塘江与西湖相望，因风光秀美、景色迷人而与西湖并称“姐妹湖”。历朝历代，许多文人雅士都在诗词中不吝笔墨地赞美了湘湖之景，如元代诗人镏涣的《湘湖》写道：“湘湖莼叶大于钱，千顷鸥波可放船。一曲竹枝歌未了，水禽飞散夕阳天。”明代倪元璐的《泛湘湖》有如下诗句：“叫破鸬鹚梦，粗吟与细呼。柔风扶病橹，瘦影点酸湖。”

西湖白堤

张岱的此篇散文主要描述了湘湖的形成过程及其区别于西湖的特色。西湖是由田地改造成湖，最后形成了大湖，湘湖虽然也由田地演变而来，但并没有成为大湖。西湖闻名于世，得益于大文豪苏轼的倾心修护，以及他所写的名句“欲把西湖比西子，淡妆浓抹总相宜”（《饮湖上初晴后雨》）；湘湖与此相反，是当地巨富任氏不愿其成为湖泊的状况下形成的。任氏曾拥有数百顷湘湖田地，有擅长面术者看其面相后，认为他一夜就贫。结果不久之后，县官就把湘湖的田地改造成湖泊，用来灌溉萧山田，于是任氏一夜失去田地。然而，湘湖虽然变成了湖，本质上还是田，如果不下插板、不筑堰堤，那么里面的水会立刻干涸；而湖中的水道，若不是非常熟悉湖的人，则难以行进咫尺。即使游湖者搭乘湖中小船，由识水道之人带领，涉水也会受到诸多阻碍。此外，不同于西湖中只有湖心亭一处凸出之貌，湘湖的水面上杂乱地遍布着山丘、土墩，棱棱砺砺，尤为奇峭。

张岱在《西湖梦寻》中曾提到："余弟毅儒常比西湖为美人，湘湖为隐士，鉴湖为神仙。"不同于他的弟弟，张岱则把西湖比为名妓，人人可以轻薄；把湘湖比作大家闺秀，可远观而不可亵玩焉；又把湘湖比作处子，娇羞俏丽。文字虽为调侃之语，但湘湖的确是"养在深闺人未识"，直到现在依然不为众人所熟知。

柳敬亭说书

南京柳麻子，黧黑，满面疤瘤①，悠悠忽忽，土木形骸②，善说书。一日说书一回，定价一两。十日前先送书帕下定，常不得空。南京一时有两行情人：王月生、柳麻子是也。余听其说《景阳冈武松打虎》白文③，与本传大异。其描写刻画，微入毫发，然又找截④干净，并不唠叨。勃夬⑤声如巨钟，说至筋节处，叱咤叫喊，汹汹崩屋。武松到店沽酒，店内无人，謈⑥地一吼，店中空缸空甓皆瓮瓮有声。闲中着色，细微至此。主人必屏息静坐，倾耳听之，彼方掉舌。稍见下人呫哔⑦耳语，听者欠伸有倦色，辄不言，故不得强。每至丙夜⑧，拭桌剪灯，素瓷静递，款款言之，其疾徐轻重，吞吐抑扬，入情入理，入筋入骨，摘世上说书之耳而使之谛听，不怕其不龇舌⑨死也。柳麻子貌奇丑，然其口角波俏，眼目流利，衣服恬静，直与王月生同其婉娈，故其行情正等。

【注释】

①疤癗（lěi）：疤痕。
②土木形骸：外形像土木一样自然，指不加修饰。
③白文：说大书的底本，大书即专说不唱。
④找截：补充、删略。
⑤勃夬（guài）：形容声音浑厚。
⑥謈（pó）：大叫。
⑦呫哔（tiè bì）：低声细语。
⑧丙夜：三更时，即23时至第二天凌晨1时。
⑨齰（zé）舌：咬着舌头不说话，指羞愧。

【解读】

柳敬亭是明末清初的著名评话艺术家，原名曹永昌，南通州余西场（今江苏南通余西古镇）人，后因犯法外逃而改姓柳，名逢春，号敬亭，绰号柳麻子。柳敬亭外逃后，一直浪迹于市井之间，以说书度日，足迹南达绍兴，西到武昌，北到北京，名气日盛。作为明末动乱社会中的艺术家，柳敬亭曾主张改良政治，以挽救明王朝的

柳敬亭说书

统治危机。他与明代著名将领左良玉是知己好友，曾深入军营劝说左良玉竭力抗清，并以说书鼓舞士气。左良玉病死之后，柳敬亭在酒酣之时向人评说左良玉遗事，令闻者潸然泪下。

柳敬亭说书时有自己独特的风格：虽然从小说话本中取材，但并不照本宣科，而是对原文进行改编，又融入当时社会生活中的悲欢离合与爱恨情仇，创作出引人入胜的故事情节；表演则以细腻见长，又以轻重缓急的语气营造气氛，这些特点一直被后人模仿。

《柳敬亭说书》赞扬了柳敬亭高超的说书艺术。张岱在开篇首先描绘了柳敬亭的相貌特征，面色黄黑，脸上遍布疮疤、小疙瘩，行动懒散，身体如同木偶一样呆板。但就是如此其貌不扬之人，却是名盛一时、行情走俏的说书者。柳敬亭一天只说一回书，定价一两银子。虽然价格昂贵，但邀请他说书的人依然络绎不绝，甚至在十天前就送去请帖和定金，他也经常没有时间。当时南京城有两个赫赫有名的曲艺人物，柳敬亭就是其一。紧接着，张岱便以自己听柳敬亭说《景阳冈武松打虎》为例，阐述柳敬亭说书的景况：故事虽然出自《水浒传》，但情节描述大不相同，体现出柳敬亭善于改编故事的能力；表演方式独特，吆喝声有如巨钟，说到关键的地方还会大声呼号，声音震得房屋像要崩塌一样；刻画细致入微，武松到酒店买酒时，武松见店内无人，猛然一吼，将店中空缸都震得嗡嗡作响，可谓栩栩如生。柳敬亭的性格也极为孤傲，只有当人们“屏息静坐，倾耳听之”，才开口说书。在说书过程中，他若见到奴仆附耳讲话，听众打呵欠、伸懒腰，表现出疲倦的样子，便不再继续，其人冷傲至此，在艺人中极为少见。

在写柳敬亭说书的诸多作品中，此篇散文是最为精彩的篇目之一，其以生动传神的笔墨为人们描绘了柳敬亭的相貌、个性特征和说书时的具体情景，成为散文史上的名篇。

虎丘[1]中秋夜

虎丘八月半，土著流寓②、士夫眷属、女乐声伎、曲中名妓戏婆、民间少妇好女③、崽子娈童及游冶恶少、清客帮闲、傒僮走空④之辈，无不鳞集。自生公台、千人石⑤、鹤涧、剑池⑥、申文定祠⑦，下至试剑石⑧、一二山门，皆铺毡席地坐，登高望之，如雁落平沙，霞铺江上。天暝月上，鼓吹百十处，大吹大擂，十番铙钹，渔阳掺挝⑨，动地翻天，雷轰鼎沸，呼叫不闻。更定，鼓铙渐歇，丝管繁兴，杂以歌唱，皆“锦帆开，澄湖万顷”同场大曲，蹲踏⑩和锣丝竹肉声，不辨拍煞。更深，人渐散去，士夫眷属皆下船水嬉，席席征歌，人人献技，南北杂之，管弦迭奏，听者方辨句字，藻鉴随之。二鼓人静，悉屏管弦，洞箫一缕，哀涩清绵，与肉相引，尚存三四，迭更为之。三鼓，月孤气肃，人皆寂阒⑪，不杂蚊虻。一夫登场，高坐石上，不箫不拍，声出如丝，裂石穿云，串度抑扬，一字一刻。听者寻入针芥，心血为枯，不敢击节，惟有点头。然此时雁比而坐者，犹存百十人焉。使非苏州，焉讨⑫识者！

【注释】

①虎丘：位于江苏苏州西北郊，包括虎丘塔、陆羽井等众多古迹，享有“吴中第一名胜”的美誉。
②流寓：异域他乡的客居者。
③好女：美女。
④走空：行骗。
⑤生公台、千人石：生公（晋末高僧竺道生）曾于江苏苏州虎丘寺讲解《涅盘经》，至微妙处，顽石点头。如今，在虎丘山剑池旁依然有千人石遗迹。
⑥剑池：虎丘剑池的下面相传是吴王阖闾之墓，埋葬了鱼肠剑等三千宝剑。

“虎丘剑池”石碑

夜宴

⑦申文定祠：申时行（1535—1614），字汝默，谥文定。为明嘉靖四十一年（1562年）的状元，历任太子太师、吏部尚书、内阁首辅等职。

⑧试剑石：此巨石中间有一条整齐的裂缝，如同被人用剑从中切开一样。关于此石存在颇多传说，较为流行是，吴王阖闾得到莫邪宝剑后，挥剑试石，将大石一劈为二。

⑨渔阳掺挝（zhuā）：鼓曲名。南朝刘义庆《世说新语》中有："衡扬枹为《渔阳掺挝》，渊渊有金石声，四座为之改容。"

⑩蹲踏：议论纷纷。

⑪寂阒（qù）：寂静。

⑫焉讨：哪里找。

【解读】

此文描绘了苏州虎丘中秋夜的民间游乐盛况。在八月十五中秋节时，虎丘的人们有着欢聚共乐的习俗。无论是当地人或客居者，也无论是上层社会的士大夫，还是地位低下的妓女、娈童、奴仆、江湖骗子等各色人群，此时都抛去身份上的界限，一起在虎丘的著名场地如生公台、千人石、鹤涧、剑池、申文定祠、试剑石、一二山门等地铺席而坐。从高地望去，人群如同落在沙地的大雁，铺在江上的晚霞，蔚为壮观。待天色渐暗，皓月东升，许多地方便响起锣鼓声声，其中还包括名曲“渔阳掺挝”，雷轰鼎沸，甚为热闹。到初更时分，鼓声渐歇，丝竹又兴，中间夹杂着歌声，听起来大多是“锦帆开，澄湖万顷”等著名曲段。及至二更，人群渐渐散去，士大夫及其家眷会乘船到水中游玩。这时依然有人在表演节目，南腔北调混杂，管弦交替，趣味非凡。到了深夜，则只余轻微的洞箫之音，哀涩清绵，直至四处归于寂静。然而，即使没有丝竹伴奏，依然有人站到舞台上放声清唱，而留下的百十个观众，皆秩序井然地欣赏。

张岱叙事的重点是夜间的声乐表演，这是一场没有刻意召唤、自发云集的“音乐盛会”。正是因为壮观的场景、变化多端的曲段，虎丘中秋夜变得绚丽多姿，所以张岱在文末感慨：“使非苏州，焉讨识者！”

扬州瘦马①

扬州人日饮食于瘦马之身者数十百人。娶妾者切勿露意，稍透消息，牙婆②、驵侩③，咸集其门，如蝇附膻④，撩扑不去。黎明，即促之出门，媒人先到者先挟之去，其余尾其后，接踵伺之。至“瘦马”家，坐定，进茶，牙婆扶“瘦马”出，曰：“姑娘拜客。”下拜。曰：“姑娘往上走。”走。曰：“姑娘转身。”转身向明立，面出。曰：“姑娘借手睄睄⑤。”尽褫⑥其袂，手出、臂出、肤亦出。曰：“姑娘睄相公。”转眼偷觑，眼出。曰：“姑娘几岁？”曰几岁，声出。曰：“姑娘再走走。”以手拉其裙，趾出。然看趾有法，凡出门裙幅先响者，必大；高系其裙，人未出而趾先出者，必小。曰：“姑娘请回。”一人进，一人又出。看一家必五六人，咸如之。看中者，用金簪或钗一股插其鬓，曰“插带”。看不中，出钱数百文，赏牙婆，或赏其家侍婢，又去看。牙婆倦，又有数牙婆踵伺之。一日、二日至四五日，不倦亦不尽，然看至五六十人，白面红衫，千篇一律，如学字者，一字写至百至千，连此字亦不认得矣。心与目谋，毫无把柄，不得不聊且迁就，定其一人。

插带后，本家出一红单，上写彩缎若干，金花若干，财礼若干，布匹若干，用笔蘸墨，送客点阅。客批财礼及缎匹如其意，则肃客归。归未抵寓，而鼓乐、盘担⑦、红绿、羊酒在其门久矣。不一刻而礼币、糕果俱齐，鼓乐导之去。去未半里，而花轿、花灯、擎燎、火把、山人、傧相⑧、纸烛、供果、牲醴之属，门前环侍。厨子挑一担至，则蔬果、肴馔、汤点、花棚、糖饼、桌围、坐褥、酒壶、杯箸、龙虎寿星、撒帐⑨牵红、小唱弦索之类，又毕备矣。不待复命，亦不待主人命，而花轿及亲送小轿一齐往迎，鼓乐灯燎，新人轿与亲送轿一时俱到矣。新人拜堂，亲送上席，小唱鼓吹，喧阗热闹。日未午而讨赏遽去，急往他家，又复如是。

【注释】

①瘦马：明清之际，贫家女童被人以低价购买后，教以琴、棋、书、画等技艺，然后再以高价卖给富豪之家做妾。因这些女子苗条纤细，俗称“瘦马”。

②牙婆：从事人口买卖的女性。

③驵（zǎng）侩：交易中间人，这里指媒婆。

④膻（shān）：肉。

⑤睄（shào）睄：瞧瞧，扫一眼。

⑥尽褫（chǐ）：全部解开。

⑦盘担：礼盒担子。

⑧山人：江湖术士；傧相：婚礼中宣唱导行礼仪的人。
⑨撒帐：在古代婚礼中，人们将枣、桂圆、莲子等具有象征意义的物品撒向婚床，称"撒帐"，具有祈福求子的寓意。

【解读】

此文主要揭示了明代扬州人口买卖的陋俗。张岱在开篇即指出，扬州靠买卖"瘦马"（身份低微的女子）为生者达到数百人之多。想要纳妾的人一旦透漏消息，牙婆便会蜂拥而至，聚集在此人家的门外，像苍蝇遇到腐肉一般，挥之不去。天刚破晓，牙婆就会带着纳妾者到出售"瘦马"的人家进行挑选。对于"瘦马"的身形、皮肤、手臂等，无不仔细察看。如果纳妾者看中了，就会在"瘦马"的鬓角插上金簪或钗，称为"插带"；如果看不中，则出钱数百文打赏牙婆或其侍婢，然后再到另一家挑选，直到满意为止。这一过程长的会持续四五天，假如最先接手的牙婆觉得累了，便立即有其他跟随而来的牙婆响应。插带后，养"瘦马"的本家会在红单上写下要求的彩礼数目，送给纳妾者点阅。纳妾者答应提供相应的财礼、彩缎、布匹等，事情便基本落实。而未等纳妾者回到家中，奏鼓乐者、抬礼盒者已在门口守候，等待迎接"瘦马"。及至迎亲归来、新人拜堂，不过半天时间就可全部完成。

扬州"瘦马"的风行，与当时扬州城的富庶繁华存在密切关系。明清时期，扬州出现许多家财万贯的盐商，他们在享受歌舞升平的同时，开始产生奇特的审美观，一反之前对丰腴女子的偏爱，热衷于消遣身轻如燕的年轻女子，导致多才多艺、容貌秀丽、身形纤细之女子的需求大增，"瘦马"应运而生。此外，养"瘦马"也是一项暴利的投资，初买女童时只需十几贯钱，待其出嫁后就可赚几百两甚至上千两的银子，因此进一步加剧了这种陋习的盛行。

客商在挑选"瘦马"时非常严格，他们为鉴定"三寸金莲"就

《歌舞图》【局部】吴伟（明）

此图表现了年仅十岁的青楼歌妓跳舞的场景。

制定了“瘦、小、尖、弯、香、软、正”七条标准。“瘦马”也被分为几个等次，明末清初的小说家丁耀亢在《续金瓶梅》中记载，第一等“瘦马”被专门教授“弹琴吹箫，吟诗写字，画画围棋，打双陆，抹骨牌，百般淫巧”，这样的“瘦马”色艺俱佳，至少能卖一千五百两的银子。当然，并不是所有的“瘦马”都能嫁入富豪之家，一些资质差的“瘦马”若无私人购买，最后只能被卖入秦楼楚馆，成为职业艺妓或低等妓女。如南京秦淮河畔的“扬邦”歌女就大多是“瘦马”出身。

卷六

彭天锡串戏

彭天锡串戏妙天下，然出出皆有传头，未尝一字杜撰。曾以一出戏，延其人至家，费数十金者，家业十万，缘手①而尽。三春多在西湖，曾五至绍兴，到余家串戏五六十场，而穷其技不尽。天锡多扮丑、净②，千古之奸雄佞幸③，经天锡之心肝而愈狠，借天锡之面目而愈刁，出天锡之口角而愈险。设身处地，恐纣之恶不如是之甚也。皱眉视眼，实实腹中有剑，笑里有刀，鬼气杀机，阴森可畏。盖天锡一肚皮书史，一肚皮山川，一肚皮机械，一肚皮磊砢④不平之气，无地发泄，特于是发泄之耳。余尝见一出好戏，恨不得法锦⑤包裹，传之不朽；尝比之天上一夜好月，与得火候一杯好茶，只可供一刻受用，其实珍惜之不尽也。桓子野⑥见山水佳处，辄呼"奈何！奈何！"真有无可奈何者，口说不出。

【注释】

①缘手：随手。
②丑、净：戏曲中的两种角色行当。
③佞幸：以谄媚手段得到君主宠幸的人。
④磊砢（luǒ）：指心中的不平之气。
⑤法锦：古代西南少数民族地区出产的一种丝织品。
⑥桓子野：即桓伊（？—约 383），字叔夏，小字子野，东晋将领，擅长音乐。

【解读】

此文记述了明代业余戏曲演员彭天锡对戏剧的痴迷和演戏之妙。张岱在开篇即指出，彭天锡唱戏妙绝天下，每一出戏都非常精彩。他为了演戏，甚至将十万家业花光。在春天时，彭天锡多在杭州西湖附近演戏，又曾五次去绍兴，到张岱家里唱了五六十场戏，每场都没有重复。紧接着，张岱便具体描述了彭天锡演戏的特点。彭天锡经常扮演丑角或净角，将千古以来的奸雄佞臣演绎得非常逼真，即使是纣王等角色的原型也难以和他比拟。这大概是由于彭天锡具有的满腹经纶、山川阅历和不平之气无处发泄，便在戏曲中淋漓尽致地展现出来。

彭天锡作为富家子弟，不专心经营家业，却沉迷于戏剧，一掷千金，其行为是严重缺少自制力的表现。但他为了学一出戏，不惜花费重金，为了兴趣而献身于艺术的精神令人赞叹。

甘文台炉

香炉贵适用，尤贵耐火。三代青绿①，见火即败坏，哥、汝窑②亦如之。便用便火，莫如宣炉③。然近日宣铜一炉价百四五十金，焉能办之？北铸如施银匠亦佳，但粗夯可厌。苏州甘回子文台④，其拨蜡范沙⑤，深心有法，而烧铜色等分两，与宣铜款致分毫无二，俱可乱真，然其与人不同者，尤在铜料。甘文台以回回教⑥门不崇佛法，乌斯藏⑦渗金佛，见即锤碎之，不介意，故其铜质不特与宣铜等，而有时实胜之。甘文台自言佛像遭劫已七百尊有奇矣。余曰："使回回国别有地狱，则可。"

【注释】

①三代：三代，指夏商周三代；青绿，此处指古董铜器。
②哥、汝窑：哥窑和汝窑，均位于宋代五大名窑之列。
③宣炉：宣德炉，是明代宣德年间制造的香炉。
④甘回子文台：指甘文台。

宣德香炉（明）

⑤拨蜡范沙：古代的一种铸造方法，是先雕刻蜡模，外面以沙泥作范，然后熔金属注入泥范而成铸器。
⑥回回教：即回教，是伊斯兰教在中国的旧称。
⑦乌斯藏：元明时期对西藏的称呼。

【解读】

此文讲述了明代制炉名匠甘文台仿制宣德香炉的故事。香炉贵在实用，尤其贵在耐火。但夏商周三代的古董铜器见火就损坏，即使是著名的哥窑和汝窑的瓷炉也是如此。耐火的宣德炉价格却非常昂贵，一个就要价四五十至上百金。因此，人们开始仿制宣德炉，其中苏州的甘文台以拨蜡范沙方法铸造而成的香炉，在款式上与宣德炉非常相似，几乎能够以假乱真，只是使用的铜料有所差别。原来甘文台并不信奉佛教，因而敢毁坏佛像以制作香炉，其所用的铜质有时候比不上宣德炉，但有时候却比宣德炉好。

张岱在此文中提到的宣德炉，便是中国历史上赫赫有名的工艺珍品。宣德炉制作精良，尤其是宣德三年（1428 年）制造的一批香炉尤为精致。当时宣德皇帝为满足对香炉的玩赏嗜好，特意下令从暹罗国（今印度）购买红铜，让宫廷御匠监制香炉。香炉的设计图

仿宣德炉（清）

要从《宣和博古图录》《考古图》等史籍，以及内府密藏的数百件宋元名窑款式中挑选，呈给宣德皇帝亲览，经同意后方准开铸。经过精心铸炼，极品铜香炉终于在宣德三年铸造而成，其精妙正如明代收藏家、画家项子京所说：“宣炉之妙，在宝色内涵珠光，外现澹澹穆穆。”由于宣德炉价值珍贵，从其问世后到民国时期，像甘文台一样仿制宣德炉的现象从未间断。甚至是明代一些主管“司铸之事”的官员，在朝廷停止制造宣德炉后，又召集工匠按照图纸和工艺程序进行仿造，制成品几乎可以与真品相媲美。

烟雨楼

嘉兴人开口①烟雨楼，天下笑之，然烟雨楼故自②佳。楼襟对③莺泽湖，涳涳蒙蒙④，时带雨意，长芦高柳，能与湖为浅深。湖多精舫，美人航之，载书画茶酒，与客期于烟雨楼。客至，则载之去，舣舟⑤于烟波缥缈。态度幽闲，茗炉相对，意之所安，经旬不返。舟中有所需，则逸出宣公桥、角里街，果蓏⑥蔬鲜，法膳琼苏⑦，咄嗟⑧立办，旋即归航。柳湾桃坞，痴迷伫想，若遇仙缘，洒然言别，不落姓氏。间有倩女离魂⑨，文君新寡⑩，亦效颦为之。淫靡之事，出以风韵，习俗之恶，愈出愈奇。

【注释】

①开口：张嘴便说。
②故自：本来。
③襟对：正对。
④涳（kōng）涳蒙蒙：细雨迷蒙。

嘉兴南湖烟雨楼（图片提供：微图）

⑤舣舟：将船停靠在岸边。

⑥果蓏（luǒ）：瓜果总称。

⑦法膳：帝王的膳食，此处指美味佳肴；琼苏：指代美酒。

⑧咄嗟（duō jiē）：呼吸之间，形容速度快。

⑨倩女离魂：典出唐代陈玄祐传奇《离魂记》，写张倩娘与表兄王宙相爱，受到父母阻挠，倩女魂魄离开躯体，与王宙结为夫妻。关于“倩女离魂”的故事，观《太平广记·王宙》《倩女离魂》诸宫调、元代郑光祖《迷青锁倩女离魂》杂剧。

⑩文君新寡：卓文君为汉代才女，她在丈夫去世之后，于一次宴会中与贫寒而多才的司马相如一见钟情，遂跟随司马相如私奔。

【解读】

烟雨楼位于浙江嘉兴南湖湖心岛，因唐代杜牧《江南春》中的名句“南朝四百八十寺，多少楼台烟雨中”而得名。烟雨楼始建于五代后晋年间，最初位于南湖之滨，由吴越王的第四子钱元镣主持建造，“台筑鸳湖之畔，以馆宾客”，后被毁坏。明嘉靖二十七年

烟雨楼内景（图片提供：微图）

（1548 年），嘉兴知府在南湖的湖心小岛中仿烟雨楼旧貌，重建新楼。后经扩建，烟雨楼逐渐成为具有园林特色的江南名楼。清代乾隆皇帝六下江南期间，曾先后八次登烟雨楼，并赋诗二十余首。今存烟雨楼为嘉兴著名游览胜地，登临此楼，可将南湖风光尽收眼底。

烟雨楼享誉后世，与张岱的此篇散文密不可分。张岱在开篇即对烟雨楼的湖光山色予以肯定，认为正对莺泽湖、笼罩在细雨迷蒙之中的烟雨楼“故自佳”。而活动于烟雨楼周围的优雅艺妓和供给的丰富美食，也成了张岱赞美的对象。伫立在柳湾桃坞之间，张岱甚至想象着自己如果偶遇仙缘，一定会潇洒告别，不留姓名。张岱在言语之中，还表现出对女子不守贞操风气的反感。他化用倩女离魂与卓文君跟随司马相如私奔的典故，委婉地指出一些品行低下之人，竟然曲解张倩娘和卓文君追求婚姻自主的积极意义，反而将出格的淫靡之事当成风流雅事，由此发出“习俗之恶”的评论。

朱氏①收藏

朱氏家藏，如龙尾觥、合卺杯，雕镂锲刻，真属鬼工，世不再见。余如秦铜汉玉、周鼎商彝、哥窑倭②漆、厂盒宣炉、法书名画、晋帖唐琴，所畜之多，与分宜③埒富④，时人讥之。余谓博洽好古，犹是文人韵事，风雅之列，不黜曹瞒⑤；鉴赏之家，尚存秋壑⑥。诗文书画未尝不抬举古人，恒恐子孙效尤，以袖攫⑦石、攫金银以赚田宅，豪夺巧取，未免有累盛德。闻昔年朱氏子孙，有欲卖尽"坐朝问道⑧"四号田者，余外祖兰风先生谑之曰："你只管坐朝问道，怎不管垂拱平章⑨？"一时传为佳话。

【注释】

①朱氏：指朱石门，明代著名收藏家。
②倭：中国古代对日本的称呼。
③分宜：指明代奸相严嵩（1480—1567），因其是江西分宜人，故称。
④埒（liè）富：比富。埒，相等、相当。
⑤曹瞒：即曹操（155—220），字孟德，小字阿瞒，三国时期著名政

治家、文学家。
⑥秋壑：指贾似道（1213—1275），字师宪，号秋壑，为南宋丞相，但不通政事，精于逗蟋蟀，因而又有“蟋蟀宰相”之称。
⑦攫：抓取。
⑧坐朝问道：意思是贤明的君主坐在朝堂之上，与大臣讨论治国之道。语出《千字文》：“坐朝问道，垂拱平章。”
⑨垂拱平章：大臣垂衣拱手，与君主讨论国事。

【解读】

此文记述了明代著名收藏家朱石门的丰富家藏。朱石门的收藏皆为珍宝，雕镂精美，包括“秦铜汉玉、周鼎商彝、哥窑倭漆、厂盒宣炉、法书名画、晋帖唐琴”，可谓品种齐全。时人将富有的朱石门与奸相严嵩相提并论，话语之中多有讥讽之意。但在张岱看来，朱石门喜欢古器物和艺术品，品味还是值得肯定的，如同枭雄曹操和“蟋蟀宰相”贾似道的名声虽然不好，但依然位列风雅。然而，收藏家的子孙后代却往往不能世代相守富有雅趣的艺术品，将诗文书画加以变卖，换成田宅，胡乱挥霍。这样的行为让人惋惜感慨。

青玉鹰熊合卺杯（明）（图片提供：FOTOE）

合卺杯是古代婚礼上用来喝交杯酒的专用酒杯，双杯并立，下面连通。

仲叔古董

葆生叔少从渭阳游，遂精赏鉴。得白定炉、哥窑瓶、官窑酒匜①，项墨林②以五百金售之，辞曰："留以殉葬。"癸卯③，道淮上，有铁梨木天然几，长丈六、阔三尺，滑泽坚润，非常理。淮抚李三才百五十金不能得，仲叔以二百金得之，解维④遽去。淮抚大恚怒⑤，差兵蹑⑥之，不及而返。庚戌⑦，得石璞三十斤，取日下水涤之，石罅中光射如鹦哥祖母，知是水碧。仲叔大喜，募玉工仿朱氏龙尾觥一，合卺杯一，享价三千，其余片屑寸皮，皆成异宝。仲叔赢资巨万，收藏日富。戊辰⑧后，倅⑨姑熟⑩，倅姑苏⑪，寻令盟津⑫。河南为铜薮，所得铜器盈数车，美人觚一种，大小十五六枚，青绿彻骨，如翡翠，如鬼眼青，有不可正视之者，归之燕客，一日失之。或是龙藏收去。

【注释】

①酒匜（yí）：盛酒器，盛行于先秦时期，形状像瓢，无盖。
②项墨林：即项元汴（1525—1590），字子京，号墨林山人，明代著名的收藏家、鉴赏家，著有《墨林山人诗集》《蕉窗九录》等。
③癸卯：万历三十一年，即公元1603年。
④解维：解开缆绳，指开船。
⑤恚（huì）怒：愤怒。
⑥蹑：追踪。
⑦庚戌：万历三十八年，即公元1610年。
⑧戊辰：崇祯元年，即公元1628年。
⑨倅（cuì）：副职。
⑩姑熟：今安徽当涂。
⑪姑苏：今江苏苏州。
⑫盟津：即孟津，古黄河渡口名，在今河南孟津东北、孟县西南。

【解读】

此文记叙了张岱二叔张联芳收藏古董之事。张联芳年轻时就精于鉴赏古董，曾得到定窑白瓷炉、哥窑瓶和官窑酒匜。当时著名的收藏家和鉴赏家项元汴想要以五百金的价格购买这些古董，但张联芳以打算用古董陪葬为名而婉言拒绝。万历三十一年（1603年），淮安府的古董商出售滑泽坚润的铁梨木几，一时吸引权贵、文人雅士竞相争夺。张联芳听闻淮安巡抚李三才出价一百五十两，于是以两百金的价格力压李三才而得到此物，然后立即放舟离去。李三才大怒，亲自率领士兵追赶，没有追上才就此作罢。万历三十八年（1610年），张联芳又得到一块重三十斤的璞石，淘洗后发现是上等碧玉，从石缝中透出的光芒如同鹦哥石、祖母绿一般，璀璨夺目。张联芳招募玉工将碧玉雕琢成一个龙尾觥、一个合卺杯，售出三千金的价格，从而获得丰厚财产。后来，张联芳在河南孟津任职期间，也曾得到大量铜器和美人觚等，只是被儿子燕客丢失。

青铜觚（商）

从张岱的描述中可知，张联芳不仅精于鉴赏、重于收藏，也深谙古董行情和交易之道，因而能够积累万贯家财，与朱石门、项元汴、王新建、周铭仲并称“江南五大收藏家”。1606 年，张联芳为了贮藏毕生所得古董珍宝，专门在绍兴城外的龙山之麓建造精舍，华美程度堪比元代画家倪瓒的清閟阁。张联芳去世后，这些价值千万的古董珍宝，由其独子燕客继承，但燕客挥霍无度，很快就将张联芳一生的收藏变卖一空，不能不令人叹息。

菊海

兖州张氏期余看菊，去城五里。余至其园，尽其所为园者而折旋①之，又尽其所不尽为园者而周旋之，绝不见一菊，异之。移时②，主人导至一苍莽③空地，有苇厂④三间，肃余入，遍观之，不敢以菊言，真菊海也。厂三面，砌坛三层，以菊之高下高下之。花大如瓷瓯⑤，无不球，无不甲，无不金银荷花瓣，色鲜艳，异凡本，而翠叶层层，无一早脱者。此是天道，是土力，是人工，缺一不可焉。

兖州缙绅家风气袭王府，赏菊之日，其桌、其炕、其灯、其炉、其盘、其盒、其盆盎、其肴器、其杯盘大觥、其壶、其帏、其褥、其酒、其面食、其衣服花样，无不菊者。夜烧烛照之，蒸蒸烘染，较日色更浮出数层。席散，撤苇帘以受繁露⑥。

【注释】

①折旋：来回走。
②移时：过了一段时间。
③苍莽：无边无际的样子，这里指空地面积很大。
④苇厂：以芦苇遮盖的棚舍。
⑤瓷瓯：瓷盆。
⑥繁露：露水。

菊花

【解读】

此文记述了兖州张氏园中的菊花。张岱应邀到张氏的花园中看菊，结果到了花园之后，良久不见一朵菊花。直到主人将他引到一片开阔空地，张岱才发现这里有三间以芦苇遮盖的棚舍，里面铺天盖地的菊花组成壮观的花海。花朵大如瓷盆，团如球形，色泽鲜艳，而翠叶也层层叠叠，没有一片早落，是难得的菊花珍品。张岱认为，菊花生长得如此美丽，是温和气候、精良土壤和人工养护的结果。文中也描述了兖州王府菊开时节的风俗，在赏菊之日，菊花满布衣物、酒食和生活用品，处处都飘荡着菊香，将王府之中的赏菊盛况形象地描述出来。

齐景公墓花樽

霞头沈佥事①宦游②时，有发掘齐景公③墓者，迹之，得铜豆④三，大花樽⑤二。豆朴素无奇。花樽高三尺，束腰拱起，口方而敞，四面戟楞，花纹兽面，粗细得款，自是三代法物。归乾刘阳太公⑥，余见赏识之，太公取与严，一介⑦不敢请。及官粤西，外母⑧归余斋头，余拂拭之，为发异光。取浸梅花，贮水，汗下如雨，逾刻始收，花谢结子，大如雀卵。余藏之两年，太公归自粤西，稽复之，余恐伤外母意，亟归之。后为驵侩所啖⑨，竟以百金售去，可惜！今闻在歙县某氏家庙。

【注释】

①沈佥事：指沈炼（1507—1557），字纯甫，号青霞，会稽（今浙江绍兴）人，明代官员。佥事，官名，负责断案。

②宦游：外出做官。

③齐景公（前 547—前 490）：春秋时齐国国君。

④豆：古代食器和礼器，形似高脚盘，用于盛放黍、稷、肉酱与肉羹等。

⑤花樽：花瓶。樽，古代盛酒器具，此处泛指容器。
⑥太公：古代晚辈对长辈的一种尊称。
⑦一介：一个人。
⑧外母：岳母。
⑨啖：引诱。

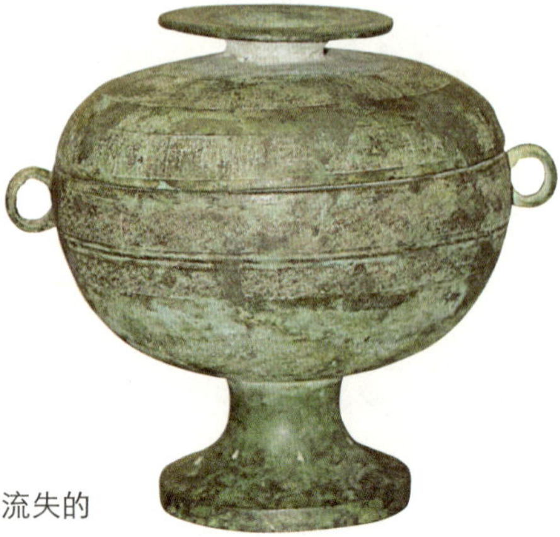
铜豆（春秋）

【解读】

此文记述了齐景公墓花樽辗转流失的历程。故事要从在外任官的沈佥事说起，他发现有人私自发掘春秋时齐国君主齐景公的墓穴，立即派人追查，追回三个铜豆、两个青铜花樽。铜豆朴实无奇，而纹饰精美、形体巨大的花樽却异常惹人注目，被认为是先秦时期的宝物。后来，花樽归张岱的岳父所有，张岱也因此有机会赏识花樽。当其岳父到外地做官时，岳母见张岱非常喜爱花樽，就慨然相赠。张岱得到花樽后，擦拭花樽竟然有异光显现，而将梅花插在花樽中片刻就结出大如雀卵的果实。张岱言语之中虽有夸大之嫌，却也反映出他对花樽当真是喜爱至极。只是当其岳父回来之后，花樽便被讨要回去，后来又以百金售出，成为别人家庙中的物品了。张岱在叙事过程中没有具体描写人物的情态和语言，但其岳母的慈爱温和、岳父的严厉苛刻跃然纸上。

卷七

西湖香市

西湖香市，起于花朝①，尽于端午。山东进香普陀者日至，嘉湖进香天竺者日至，至则与湖之人市焉，故曰香市。然进香之人市于三天竺②，市于岳王坟③，市于湖心亭，市于陆宣公祠④，无不市，而独凑集于昭庆寺⑤。昭庆寺两廊，故无日不市者，三代八朝之古董，蛮夷闽貊⑥之珍异，皆集焉。

至香市，则殿中边甬道上下、池左右、山门内外，有屋则摊，无屋则厂，厂外又棚，棚外又摊，节节寸寸。凡胭脂簪珥、牙尺剪刀，以至经典木鱼、孙儿⑦嬉具之类，无不集。此时春暖，桃柳明媚，鼓吹清和，岸无留船，寓无留客，肆无留酿。袁石公⑧所谓“山色如娥，花光如颊，波纹如绫，温风如酒”，已画出西湖三月。而此以香客杂来，光景又别。士女闲都，不胜其村妆野妇之乔画；芳兰芗泽，不胜其合香芫荽之薰蒸；丝竹管弦，不胜其摇鼓欲笙之聒帐；鼎彝光怪，不胜其泥人竹马之行情；宋元名画，不胜其湖景佛图之纸贵。如逃如逐，如奔如追，撩扑不开，牵挽不住。数百十万男男女女、老老少少，日簇拥于寺之前后左右者，凡四阅月方罢。恐大江以东，断无此二地矣。

崇祯庚辰⑨三月，昭庆寺火。是岁及辛巳⑩、壬午⑪洊饥⑫，民强半饿死。壬午虏鲠山东，香客断绝，无有至者，市遂废。辛巳夏，余在西湖，但见城中饿殍舁出，扛挽相属。时杭州刘太守梦谦，汴梁人，乡里抽丰⑬者多寓西湖，日以民词馈送。有轻薄子改古诗诮之曰：“山不青山楼不楼，西湖歌舞一时休。暖风吹得死人臭，还把杭州送汴州。”可作西湖实录。

【注释】

①花朝：花朝节，又称花神节、百花生日、花神生日。民间传统节日，中原、西南地区以农历二月初二为花朝日，江南、东北地区则以二月十五为花朝日。

②三天竺：位于杭州天竺山和灵隐寺之间的三座寺庙，包括上天竺、中天竺和下天竺，合称三天竺，为杭州著名古刹。

③岳王坟：岳飞墓，位于浙江杭州栖霞岭，墓前跪着四个陷害岳飞的奸臣秦桧、王氏、张俊、万俟卨的铜像。

④陆宣公祠：陆贽祠，位于浙江杭州孤山下。陆贽（754—805）为唐代政治家、文学家，浙江嘉兴人，德宗时中进士，谥号“宣公”。

⑤昭庆寺：位于浙江杭州西湖之畔，是与北京戒台寺齐名的著名律寺，为南宋皇家五山十刹之一。

⑥蛮夷闽貊（mò）：泛指边远地区少数民族。

⑦伢（yá）儿：吴语中对孩童的称呼。

⑧袁石公：袁宏道(1568—1610)，字中郎，又字无学，号石公，湖广

中天竺寺（法净寺）

公安（今属湖北）人。明代文学家。
⑨庚辰：崇祯十三年，即公元 1640 年。
⑩辛巳：崇祯十四年，即公元 1641 年。
⑪壬午：崇祯十五年，即公元 1642 年。
⑫洊（jiàn）饥：连年饥荒。
⑬抽丰：利用关系求取财物，俗称“打秋风”。

【解读】

此文描写了明末清初西湖香市的盛衰。西湖香市起源于唐宋年间，到元明时期已经十分繁荣，形成了固定的日期，即从每年二月十五日的百花生日那天开始，至端午节结束。在这段时间里，山东（浙江东都一带）到普陀寺进香的人纷至沓来，而嘉兴府、湖州府前往天竺寺进香的人也络绎不绝。人们聚集在西湖周围，买卖香物和杂物，逐渐发展成为规模盛大的香市。

各地进香的人大多在三座天竺寺、岳王坟、湖心亭和陆宣公祠进行往来贸易，其中尤以昭庆寺香市最为兴盛。到了香市盛行的时间，昭庆寺的寺殿甬道、屋檐之下、山门内外，皆被货摊占据。无论是夏商周的古董，异域的珍宝，还是胭脂、发簪、耳饰、牙尺、剪刀、香烛、木鱼等日常用品，以及各种典籍等，都汇集到此地，成为一道亮丽的风景。而春天的西湖本就风光绝美，此时更是呈现出与众不同的特色：文雅美丽的仕女，比不过涂脂抹粉的村野妇女；兰花的芬芳清幽，敌不过合香、芫荽的熏蒸之气；优美的丝竹管弦乐曲，压不住摇鼓口哨的喧嚣；光怪陆离的古董，比不上泥人竹马的畅销；宋元的古老画卷，赛不过湖景佛像的昂贵……数以万计的男女老少“如逃如逐，如奔如追”，摩肩接踵地挑选物品，一直延续四个月才结束。西湖香市的声势之大，可见一斑。然而，西湖香市最终没能逃脱盛极而衰的命运。随着明崇祯年间的动乱发生，昭庆寺被火烧毁，又一再发生饥荒，百姓大半饿死。再加上道路被寇盗占领，香客很少再到杭州，于是香市停止不盛。

在张岱的笔下，既有对西湖香市热闹繁华场面的惊叹，又有关于世事沧桑多变的感慨。全文前后对比，富有深刻的社会内涵。

西湖七月半①

西湖七月半，一无可看，止可看看七月半之人。看七月半之人，以五类看之。其一，楼船②箫鼓，峨冠③盛筵，灯火优傒④，声光相乱，名为看月而实不见月者，看之。其一，亦船亦楼，名娃闺秀，携及童娈，笑啼杂之，环坐露台，左右盼望，身在月下而实不看月者，看之。其一，亦船亦声歌，名妓闲僧，浅斟低唱，弱管轻丝，竹肉相发，亦在月下，亦看月，而欲人看其看月者，看之。其一，不舟不车，不衫不帻⑤，酒醉饭饱，呼群三五，跻入人丛，昭庆、断桥，嘄呼嘈杂，装假醉，唱无腔曲，月亦看，看月者亦看，不看月者亦看，而实无一看者，看之。其一，小船轻幌⑥，净几暖炉，茶铛旋煮，素瓷静递，好友佳人，邀月同坐，或匿影树下，或逃嚣里湖，看月而人不见其看月之态，亦不作意看月者，看之。

杭人游湖，巳出酉归，避月如仇，是夕好名，逐队争出，多犒门军酒钱，轿夫擎燎⑦，列俟⑧岸上。一入舟，速舟子急放断桥，赶入胜会。以故二鼓以前，人声鼓吹，如沸如撼，如魇如呓，如聋如哑，大船小船，一齐凑岸，一无所见，止见篙击篙，舟触舟，肩摩肩，面看面而已。少刻兴尽，官府席散，皂隶⑨喝道去，轿夫叫船上人，怖以关门，灯笼火把如列星，一一簇拥而去。岸上人亦逐队赶门，渐稀渐薄，顷刻散尽矣。

吾辈始舣舟近岸，断桥石磴⑩始凉，席其上，呼客纵饮。此时，月如镜新磨，山复整妆，湖复颒面⑪。向之浅斟低唱者出，匿影树下者亦出，吾辈往通声气，拉与同坐。韵友来，名妓至，杯箸安，竹肉发。月色苍凉，东方将白，客方散去。吾辈纵舟，酣睡于十里荷花之中，香气拍人，清梦甚惬。

【注释】

①七月半：农历七月十五，俗称“中元节”，又名“鬼节”。杭州旧习，人们于这天晚上倾城出游西湖。

②楼船：具有多层建筑的大型船只，因外观似楼而得名。

③峨冠：头戴高冠，代指士大夫。

④优傒（xī）：优伶和仆役。

⑤帻（zé）：头巾。

⑥幌（huǎng）：窗幔。

⑦擎燎：擎，举着；燎，照明。

⑧列俟（sì）：排队等候。

⑨皂隶：古代衙门里的差役。

⑩石磴（dèng）：石头台阶。

⑪颒（huì）面：洗脸。这里指湖面恢复了清澈明净的样子。

【解读】

《西湖七月半》为中国散文史上的名篇，以精炼优美的文字展示了明代杭州人七月半游西湖的场景。

农历十五本是月圆之时，张岱却觉得西湖七月半并没有什么可看的，反而是七月半的游湖之人非常有趣。通过细致观察，张岱将七月半游湖的人分成五类：第一类为达官贵族，他们头戴高冠，乘坐箫鼓悠扬的楼船，享受华美的筵席，在灯火辉煌处欣赏优伶的戏曲表演，是名为赏月而实际并不看月的人；第二类为名门闺秀，她们也乘坐精致的楼船，携带容貌姣好的少年一起环坐在船中的露台上左盼右顾，不时传出嬉笑啼闹之声，虽然置身月下却也并未看月；第三类为名妓闲僧，所乘之船虽然不如楼船高大，船上却也飘荡着歌声和丝竹悠扬的曲调，他们置身月下，亦赏月，同时又希望别人看见他们在赏月；第四类为醉酒莽汉，这类人既不乘船也不坐车，不穿长衫也不戴头巾，于酒足饭饱之后成群结队地混杂在人群之中，在昭庆寺、断桥一带高声喧闹，唱不成腔调的歌曲，他们既看月，也看赏月的以及不赏月的人，但实际上什么也没有看见；最后一类

“游西湖”版画

湖面上的游船

为清雅文人，他们乘着挂有帏幔的小船，与好友佳人或隐在树荫之下，或躲在湖中逃避喧闹，尽管在看月，但人们却看不到他们看月的样子，而他们自己也不刻意看月。寥寥数语，张岱就逼真地描绘出五类人的动作情态和游湖目的，展现了同在皓月之下，不同人对待月的不同态度，文字中流淌着文雅娴静之美。

同时，张岱在文中也毫不客气地指出杭州人游西湖，“巳出酉归，避月如仇”，大部分只是好虚名、凑热闹而已。明代文学家袁宏道在《晚游六桥待月记》中也曾批评杭州人喜爱白天游湖，不会选择时间，浪费了西湖月夜的静谧之美。再加上杭州人游西湖时，热衷于锣鼓喧嚣，使得西湖“如沸如撼，如魇如呓，如聋如哑”，毫无美感可言。不同于在白天出没的游湖者，清雅文士直到喧嚣声止，才从隐匿的树荫之中显现出来，听风赏月。文末关于景物的描写极富诗意，“酣睡于十里荷花之中，香气拍人，清梦甚惬”，与苏轼《赤壁赋》中“相与枕藉乎舟中，不知东方之既白”的境界有异曲同工之妙。

及时雨

壬申①七月，村村祷雨②，日日扮潮神海鬼，争唾之。余里中扮《水浒》，且曰：画《水浒》者，龙眠、松雪近章侯③，总不如施耐庵④，但如其面勿黛，如其髭勿鬣⑤，如其兜鍪⑥勿纸，如其刀杖勿树，如其传勿杜撰，勿弋阳腔，则十得八九矣。于是分头四出，寻黑矮汉，寻梢长⑦大汉，寻头陀⑧，寻胖大和尚，寻茁壮妇人，寻姣长妇人，寻青面，寻歪头，寻赤须，寻美髯，寻黑大汉，寻赤脸长须，大索城中。无则之郭、之村、之山僻、之邻府州县，用重价聘之，得三十六人。梁山泊好汉，个个呵活，臻臻⑨至至，人马称娖⑩而行，观者兜截遮拦，直欲看杀卫玠⑪。五雪叔归自广陵，多购法锦宫缎，从以台阁者八：雷部六，大士一，龙宫一，华重美都，见者目夺气亦夺。盖自有台阁，有其华无其重，有其美无其都，有其华重美都，无其思致，无其文理。轻薄子有言："不替他谦了也，事事精办。"

季祖南华老人喃喃怪问余曰："《水浒》与祷雨有何义味？近余山盗起，迎盗何为耶？"余俯首思之，果诞而无谓，徐应之曰："有之。天罡尽，以宿太尉殿焉。用大牌六，书'奉旨招安'者二，书'风调雨顺'者一，'盗息民安'者一，更大书'及时雨'者二，前导之。"观者欢喜赞叹，老人亦匿笑而去。

【注释】

①壬申：崇祯五年，即公元 1632 年。
②祷雨：求神降雨。
③龙眠、松雪近章侯：龙眠，指北宋画家李公麟（1049—1106），字伯时，号龙眠居士；松雪，指元代画家赵孟頫（1254—1322），字子昂，号松雪道人；章侯，即明代画家陈洪绶（1599—1652），字章侯。
④施耐庵（1296—约 1371）：元末明初小说家，《水浒传》的作者。
⑤鬣（liè）：动物头颈上的硬毛。
⑥兜鍪（móu）：古代战士戴的头盔。
⑦梢长：瘦高。
⑧头陀：出自梵语，指赤脚乞食的僧人。
⑨臻臻：聚集的样子。
⑩娖（chuò）：整齐。
⑪卫玠（286—312）：晋代名士，与潘安、宋玉、兰陵王并称"中国古代四大美男"。

【解读】

此文记载了张岱家乡的祈雨习俗。在七月份，许多村庄都会扮演潮神海鬼来求雨，但张岱的家乡则与众不同，人们别出心裁地演绎《水浒传》。为了使表演生动逼真，众人潜心寻觅酷似"水浒

祈雨活动（图片提供：FOTOE）

人物”的扮演者，如果在城中没有搜寻到，则会在村郭、偏远山区，以及邻府州县中继续搜寻，最后以高价聘请到三十六位合适人选。他们扮演的梁山好汉，每一个都非常鲜灵活现，让观众欲罢不能，如同晋人迷恋美男子卫玠一样兜截遮拦。为了增强舞台效果，张岱的叔父还从南京邀请了八个台阁戏的职业表演者，分别扮演雷神、菩萨和龙神，场面之华美壮丽，让观者无不感觉气派非凡。后文的对话也颇有趣味，张岱季祖南华老人觉得《水浒传》和祈雨无关，又认为社会正是盗贼频繁出没的时候，演《水浒传》的故事不吉利。张岱则回应，《水浒传》中太尉殿的牌位名就有“奉旨招安”“风调雨顺”“盗息民安”和“及时雨”，实为祥瑞象征。此回答让众多围观者颇为欢欣，同时也充分展现了张岱的博学、机智和善辩之才。

说到“及时雨”，人们自然而然会想到号称“及时雨”的梁山领袖宋江。《水浒传》专门就宋江的“及时雨”绰号加以阐释：“且好做方便，每每排难解纷，只是周全人性命。时常散施棺材药饵，济人贫苦，周人之急，扶人之困。以此山东、河北闻名，都称他做及时雨，却把他比做天上下的及时雨一般，能救万物。”文字展现出宋江仗义疏财、扶危济困的品德。及至后来，宋江被朝廷招安，出征辽国屡立战功，这正与祈雨所希求的国泰民安主题相符。

“及时雨”宋江

龙山雪

天启①六年十二月，大雪深三尺许。晚霁②，余登龙山，坐上城隍庙山门，李芥生、高眉生、王畹生、马小卿、潘小妃③侍。万山载雪，明月薄之，月不能光，雪皆呆白④。坐久清冽，苍头送酒至，余勉强举大觥敌寒，酒气冉冉，积雪欱⑤之，竟不得醉。马小卿唱曲，李芥生吹洞箫和之，声为寒威所慑，咽涩不得出。三鼓归寝。马小卿、潘小妃相抱从百步街旋滚而下，直至山趾，浴雪⑥而立。余坐一小羊头车，拖冰凌而归。

【注释】

①天启：明熹宗朱由校的年号。
②霁：雨后或雪后转晴。
③李芥生、高眉生、王畹生、马小卿、潘小妃：皆为当时的戏曲伶人。生，指男演员。
④呆白：苍白。
⑤欱（hē）：同“喝”。
⑥浴雪：浑身上下都是雪。

【解读】

此文记载了张岱年轻时登龙山观赏雪景的往事。天启六年（1626 年）的十二月，大雪纷飞，在地面上形成三尺多深的积雪。到傍晚天空放晴时，张岱前往龙山，坐在城隍庙的山门之中赏雪，同行的还有李岕生、高眉生、王畹生、马小卿、潘小妃几位优伶。然后，张岱以白描手法围绕雪后奇景展开：众山都被大雪覆盖，月亮的光辉也显得稀薄，而暗淡的月光又映衬得雪景更加苍白；喝下去的酒因为酒气被清寒的积雪吞噬，竟然饮而不醉；在雪景之中，伶人马小卿唱曲，李岕生吹箫，但乐曲声调皆被寒气所慑，艰涩得发不出音调，逼真地反映了雪天的透骨之寒；文末，马小卿、潘小妃两位伶人互相抱着向山脚下滚落，结果沾染满身白雪，而张岱自己乘坐的羊头车也“拖冰凌而归”，依然是描写雪之大与天之寒。

全文中心明确，以人的视觉、感觉和触觉为主要表现手段，写出了雪后奇景和游人的雅趣。文字简练朴素，具有清新淡雅之感。

品山堂鱼宕①

二十年前强半②住众香国，日进城市，夜必出之。品山堂孤松箕踞③，岸帻入水。池广三亩，莲花起岸④，莲房以百以千，鲜磊可喜。新雨过，收叶上荷珠煮酒，香扑烈。门外鱼宕，横亘三百余亩，多种菱芡⑤。小菱如姜芽，辄采食之，嫩如莲实，香似建兰，无味可匹。深秋，橘奴⑥饱霜，非个个红绽，不轻下剪。季冬观鱼，鱼艓⑦千余艘，鳞次栉比，罱⑧者夹之，罛⑨者扣之，簎⑩者罨⑪之，罥⑫者撒之，罩者抑之，罣⑬者举之，水皆泥泛，浊如土浆。鱼入网者圉圉⑭，漏网者噞噞⑮，寸鲵纤鳞，无不毕出。集舟分鱼，鱼税三百余斤，赤魚白肚，满载而归。约吾昆弟，烹鲜剧饮，竟日方散。

【注释】

①鱼宕：即鱼荡，养鱼的浅水湖。
②强半：大半。

鱼宕中的游鱼

③箕踞：两脚张开、两膝微曲而坐，形如簸箕，是一种不拘礼节的坐法。
④起岸：上岸。
⑤菱芡（qiàn）：菱为浮叶水生植物，在江浙一带分布较广；芡是睡莲科大型水生草本植物，叶比荷叶大。
⑥橘奴：橘子。
⑦鱼艓：小渔船。艓，小船。
⑧罱（lǎn）：夹鱼的器具。
⑨罛（gū）：大型渔网。
⑩簎（cè）：用叉刺取，此处指叉子。
⑪罨（yǎn）：撒网捕鱼。
⑫罥（juàn）：用绳索结的网。
⑬罣（guà）：挂网捕鱼。
⑭圉（yǔ）圉：不自在的样子。
⑮唅（yǎn）唅：鱼在水中张口呼吸。

【解读】

此文描写了张岱青年时期在品山堂的生活。品山堂的环境清雅，有孤松垂于池边，像叉腿坐着、将头巾浸入水中的文士一般，极具艺术观赏性。而池水绵延三亩之广，一池莲花开到岸上，莲蓬

《雪港捕鱼图》【局部】唐棣（元）

数以千计，鲜嫩热烈，煞是讨人喜欢。每当细雨之后，张岱就采集荷叶上的雨珠煮酒，酒香浓烈扑鼻。在品山堂门外，还横亘着三百余亩的鱼宕，里面种植着水生植物菱和芡。采菱而食，质嫩爽口。到了深秋，岸边又有历经寒霜的橘子可供品尝。这些美味的食物，让人垂涎欲滴。不同于百花竞艳的夏季和硕果累累的秋季，寒冬万物萧条，即使如此，张岱依然在品山堂发现了雅趣，即观看千余艘渔船捕鱼。他以铺排之句"罱者夹之，罛者扣之，簎者罨之，罾者撒之，罩者抑之，罣者举之"，生动地描绘出渔民们使用各种器具捕鱼的热闹场面，同时增强了文章的节奏感。

张岱在篇末也提到了明代的鱼税问题，"集舟分鱼，鱼税三百余斤"，虽然并未详细说明，但也体现出其观察之仔细。渔税非明代首创，在唐宋时期即已发展成熟，元代则创设"河泊所"专门征收渔税，但在全国范围内设置河泊所，并制定出细密的渔税政策则始于明代。明代鱼税覆盖面非常广泛，包括湖泊池潭、江河港汊，以及浅水、高塘等可以养鱼的水体，品山堂鱼宕属于浅水水体。明代鱼税按所征之物可分为本色与折色。本色是渔民所捕获的鱼，以及干鱼、鱼油胶鳔等加工品，不过有时也会根据实际需要改征他物。如明洪武十四年（1381 年），朝廷征鱼税时"令以野兽皮输鱼课，制裘以给边卒"。折色则是直接征收银两，这是明代白银广泛流通的结果。总之，鱼税是明代课税的重要组成部分。

阿育王寺舍利

阿育王寺，梵宇①深静，阶前老松八九棵，森罗有古色。殿隔山门远，烟光树樾②，摄入山门，望空视明，冰凉晶沁。右旋至方丈门外，有娑罗③二株，高插霄汉。便殿供旃檀④佛，中储一铜塔，铜色甚古，万历间慈圣皇太后⑤所赐，藏舍利子⑥塔也。舍利子常放光，琉璃五彩，百道迸裂，出塔缝中，岁三四见。凡人瞻礼舍利，随人因缘现诸色相。如墨墨⑦无所见者，是人必死。昔湛和尚至寺，亦不见舍利，而是年死。屡有验。

次早，日光初曙，僧导余礼佛，开铜塔，一紫檀佛龛供一小塔，如笔筒，六角，非木非楮，非皮非漆，上下皾⑧定，四围镂刻花楞梵字。舍利子悬塔顶，下垂摇摇不定，人透眼光入楞内，复视眼上视舍利，辨其形状。余初见三珠连络如牟尼串，煜煜有光。余复下顶礼，求见形相，再视之，见一白衣观音小像，眉目分明，鬌鬘⑨皆见。秦一生反复视之，讫无所见。一生遑遽，面发赤，出涕而去。一生果以是年八月死，奇验若此。

【注释】

①梵宇：佛寺。
②树樾：树荫。
③娑罗：又称“柳安树”，是原产于印度、东南亚等地的植物。
④旃檀：又名“檀香”“白檀”，是珍稀的双子叶植物，木材香味醇和。
⑤慈圣皇太后：明神宗生母李氏。
⑥舍利子：指佛陀或高僧的遗骨火化后结成的珠状结晶体。
⑦墨墨：暗淡的样子。
⑧皷（màn）：覆盖。
⑨鬋鬘（jiǎn mán）：鬓毛，额发。

【解读】

此文记述了张岱与朋友秦一生游览阿育王寺观看舍利的故事。阿育王寺位于浙江宁波鄞县五乡镇，始建于西晋太康三年（282 年），是中国现存唯一一座以阿育王命名的千年古刹。阿育王为古印度摩揭陀国孔雀王朝的国王，后皈依佛教，曾建造大量佛寺，又将佛陀舍利分成八万四千份，“各随一光尽处，安立一塔”，其中在我国境内共建造了 19 座舍利塔，但只有阿育王寺中的舍利宝塔留存至今。

阿育王寺殿宇巍峨深静，又有繁密浓郁的苍松和高插云霄的娑罗树环绕佛殿之间，环境清幽有古意。明万历年间，明神宗生母慈圣皇太后钦赐佛塔用于装置佛陀舍利，这使阿育王寺和舍利宝塔具有非凡的意义。人们出于对舍利子的敬畏，附会各种传说，认为

宁波阿育王寺舍利殿（图片提供：微图）

舍利子会发出琉璃般的五彩光芒，从宝塔中倾泻而出，璀璨夺目。凡人瞻仰舍利，随着个人因缘不同，也会看见不同的形貌。如果舍利黯淡无光，那么这个人必是大限将至。张岱亲自观看舍利时，舍利悬挂在塔顶，摇摆不定，后连络如释迦牟尼的手串，熠熠生光。张岱于是顶礼膜拜，结果又看见了着白色衣服的观音像，其眉目分明，甚至鬓毛额发都异常清晰。然而，张岱的朋友秦一生反复观看，却始终什么也没有看见。巧合的是，秦一生在当年的八月就去世了。

显而易见，故事充满了神奇和荒诞的色彩，张岱将秦一生去世的巧合看作是舍利显灵，实属无稽之谈。

卷八

龙山放灯

万历辛丑年①，父叔辈张灯龙山，剡②木为架者百，涂以丹雘③，帨④以文锦，一灯三之。灯不专在架，亦不专在磴道，沿山袭谷，枝头树杪⑤无不灯者，自城隍庙门至蓬莱岗上下，亦无不灯者。山下望如星河倒注，浴浴熊熊⑥，又如隋炀帝⑦夜游，倾数斛萤火于山谷间，团结方开，倚草附木，迷迷不去者。好事者卖酒，缘山席地坐。山无不灯，灯无不席，席无不人，人无不歌唱鼓吹。男女看灯者，一入庙门，头不得顾，踵不得旋，只可随势，潮上潮下，不知去落何所，有听之而已。庙门悬禁条：禁车马，禁烟火，禁喧哗，禁豪家奴不得行辟人。父叔辈台于大松树下，亦席，亦声歌，每夜鼓吹笙簧与宴歌弦管，沉沉昧旦。十六夜，张分守⑧宴织造太监于山巅星宿阁，傍晚至山下，见禁条，太监忙出舆笑曰："遵他，遵他，自咱们遵他起！"却随役，用二丱角⑨扶掖上山。夜半，星宿阁火罢，宴亦遂罢。灯凡四夜，山上下糟丘⑩肉林，日扫果核蔗滓及鱼肉骨蠡⑪蜕，堆砌成高阜，拾妇女鞋挂树上，如秋叶。

相传十五夜，灯残人静，当垆者正收盘核，有美妇六七人买酒，酒尽，有未开瓮者。买大罍⑫一，可四斗许，出袖中瓜果，顷刻罄罍而去。疑是女人星⑬，或曰酒星⑭。又一事：有无赖子于城隍庙左借空楼数楹，以姣童实之，为帘子胡同。是夜，有美少年来狎某童，剪烛殢酒⑮，媟亵⑯非理，解襦，乃女子也，未曙即去，不知其地、其人，或是妖狐所化。

【注释】

①万历辛丑年：万历二十九年，即公元 1601 年。
②剡（yǎn）：削。
③丹雘（huò）：红色涂料。
④帨（shuì）：佩巾。这里用作动词，以布缠裹之意。
⑤树杪（miǎo）：树梢。
⑥浴浴熊熊：灯火忽高忽低、火势旺盛的样子。
⑦隋炀帝（569—618）：即隋文帝次子杨广，隋朝第二位皇帝，在位期间生活奢侈腐化，又大兴土木、频繁征战，最后身死国灭。
⑧分守：明代官职，按察使、按察分司。
⑨丱（guàn）角：儿童将头发束成两角的样子。这里指童仆。
⑩糟丘：酒糟堆积成山，形容酒多。
⑪蠡：螺壳。
⑫罍（léi）：古代盛酒器。
⑬女人星：即女宿，二十八星宿之一。
⑭酒星：又称“酒旗星”，古星名。
⑮殢（tì）酒：醉酒。
⑯媟（xiè）亵：猥亵。

华美灯景（图片提供：微图）

【解读】

此文记述了张家在龙山放灯的壮观场景和与之相关的传说。1601 年，张岱的长辈组织在龙山放灯，削木为架，涂以红色颜料，缠上斑斓的织锦，在上面挂起灯笼。但灯笼并不只是挂在架子上，也不只是分布在登山的石径上，而是遍布山谷，甚至是枝头树梢上也张灯结彩。灯景如同星河倒挂，绵延而下；又如同隋炀帝夜游时倾倒在山谷间的萤火虫，星星点点全是亮光。前来看灯的人群川流不息、比肩接踵，故只能随着人潮前行而不知走到了哪里。张家还在山上设置宴席，每日供有大量酒肉和美味食物，又有丝竹管弦伴奏，歌舞不止。主管皇室织造的太监也前来捧场，在看到张家在庙门悬挂的“禁车马”的禁条后，欣然遵守，只是让两个童仆扶着上山。从放灯的规模、盛大的宴席到织造太监的态度，都显示出张家在当时的显赫地位。

张岱在文中也叙述了灯景中的美丽故事。据说在十五之夜，当灯残人静时，六七个美妇人曾来买酒，片刻就喝了许多酒，然后飘然而去，似乎是天上的女人星或者酒星下凡而来。又有一个女扮男装的美少年狎童寻乐，尚未破晓即已离去，被认为是妖狐所化。张岱描写的故事神奇浪漫，旨在渲染气氛。

王月生

南京朱市①妓，曲中②羞与为伍。王月生出朱市，曲中上下三十年，决无其比也。面色如建兰初开，楚楚文弱，纤趾一牙，如出水红菱，矜贵寡言笑，女兄弟闲客，多方狡狯③，嘲弄咍侮④，不能勾其一粲⑤。善楷书，画兰竹水仙，亦解吴歌，不易出口。南京勋戚大老力致之，亦不能竟一席。富商权胥得其主席半晌，先一日送书帕，非十金则五金，不敢亵订。与合卺，非下聘一二月前，则终岁不得也。好茶，善闵老子，虽大风雨、大宴会，必至老子家啜茶数壶始去。所交有当意者，亦期与老子家会。一日，老子邻居有大贾，集曲中妓十数人，群谇⑥嘻笑，环坐纵饮。月生立露台上，倚徙栏楯⑦，视娗羞涩，群婢见之皆气夺，徙他室避之。月生寒淡如孤梅冷月，含冰傲霜，不喜与俗子交接，或时对面同坐，起若无睹者。有公子狎之，同寝食者半月，不得其一言。一日口嗫嚅动，闲客惊喜，走报公子曰："月生开言矣！"

哄然以为祥瑞，急走伺之，面赪⑧，寻又止，公子力请再三，蹇涩⑨出二字曰："家去。"

【注释】

①朱市：低档妓院。
②曲中：地位较高的妓坊。
③狡狯：逗笑。
④咍（hāi）侮：戏弄。
⑤粲：漏齿而笑。
⑥谇（suì）：责骂，此处指嬉笑打骂。
⑦栏楯（shǔn）：栏杆。
⑧赪（chēng）：红色。
⑨蹇涩：羞涩，不好意思。

【解读】

王月生为明末南京名妓，历史文献中关于她的资料非常少，张岱此文便是了解王月生的重要文献。王月生出身于地位低下的朱市，但曲中之人却很少有能和她相比的。其容貌秀美，面如初开的建兰，楚楚动人，性格则清高孤傲，寡言少笑。王月生也极富才情，擅长楷书，精于画兰、竹和水仙，懂吴歌，只是从不轻易开口，即使是富商权贵也很难成为她的入幕之宾。王月生非常喜欢饮茶，经常到茶道高手闵老子家中喝茶，纵然是风雨交加或有宴会应酬，也一定饮茶数壶才告辞离去。一天，闵老子邻居的富商聚集了众多曲中妓女，嬉笑取乐，围坐在一起纵饮。当时王月生站在露台之上，倚靠栏杆，看起来羞涩美丽，群妓见了都嫉妒生气，她不得不到其他房间中躲避。王月生不喜欢接待俗人，因而粗俗的人即使坐在她对面，

《品茶图》【局部】文徵明（明）

也视若无睹。有贵公子与她同吃同睡长达半月之久，始终没有听到她开口说过一句话。

王月生品质高洁、心性淡雅，可惜生活在男女不平等的封建社会，又出身于风月场所，其无奈的人生际遇令人感慨。王月生之死，也非常悲惨。据余怀《板桥杂记》载："崇祯十五年五月，大盗张献忠破庐州府，知府郑履祥死节，香君被擒。搜其家，得月，留营中，宠压一寨。偶以事忤献忠，断其头，函（一作蒸）置于盘，以享群贼。"一代名妓，最后竟被如此残忍杀害。

张东谷好酒

余家自太仆公称豪饮，后竟失传，余父余叔不能饮一蠡壳①，食糟茄②，面即发赪，家常宴会，但留心烹饪，庖厨之精，遂甲江左。一簋进，兄弟争啖之立尽，饱即自去，终席未尝举杯。有客在，不待客辞，亦即自去。山人③张东谷，酒徒也，每悒悒④不自得。一日起谓家君曰："尔兄弟奇矣，肉只是吃，不管好吃不好吃；酒只是不吃，不知会吃不会吃。"二语颇韵，有晋人风味。而近有伧父⑤载之《舌华录》⑥，曰："张氏兄弟赋性奇哉！肉不论美恶，只是吃；酒不论美恶，只是不吃。"字字板实，一去千里，世上真不少点金成铁⑦手也。东谷善滑稽，贫无立锥，与恶少讼，指东谷为万金豪富，东谷忙忙走诉大父曰："绍兴人可恶，对半⑧说谎，使说我是万金豪富。"大父常举以为笑。

【注释】

①蠡壳：贝类的壳，此处指小酒杯。

②糟茄：以酒糟、盐腌制的茄子。
③山人：隐士。
④悒悒：忧郁。
⑤伧父：泛指粗俗之人。
⑥《舌华录》：晚明曹臣所撰，是记录清人言辞的笔记小说。
⑦点金成铁：把金子变成铁，比喻把好的变成坏的。
⑧对半：绍兴方言，当面的意思。

美酒

【解读】

此文主要展现了隐士张东谷的嗜酒品性，以及他与张岱先辈之间的趣事。张家自从张岱高祖号称豪饮之后，再没人能够饮酒。张岱的父亲和叔叔连一小杯酒也不能喝，甚至食用以酒糟腌制的茄子时脸色也会发红。在家常宴会之中，一旦食物端上桌子，两人争相食用，但到宴席结束时也不曾举杯喝酒。不同于张家兄弟，隐士张东谷是个名副其实的酒徒，每当抑郁不得志时就喝酒，他戏称张岱的父亲和叔叔“肉只是吃，不管好吃不好吃；酒只是不吃，不知会吃不会吃”。原本此语颇有晋人风味，但经粗俗人之口，变成“肉不论美恶，只是吃；酒不论美恶，只是不吃”，意思相去甚远。张东谷不仅爱酒，人也极为滑稽幽默，家贫如洗的他曾在诉讼中被恶少指为万金豪富。张东谷于是对张岱的祖父说：“绍兴人真可恶，当着别人的面就说谎，竟然称我是万金豪富。”此事被张岱的祖父引为笑谈。全篇叙事简略，但于平淡中显真性情，将张东谷刻画得栩栩如生。

阮圆海[1]戏

阮圆海家优讲关目[2]，讲情理，讲筋节[3]，与他班孟浪[4]不同。然其所打[5]院本[6]，又皆主人自制，笔笔勾勒，苦心尽出，与他班卤莽者又不同。故所搬演，本本出色，脚脚出色，出出出色，句句出色，字字出色。余在其家看《十错认》《摩尼珠》《燕子笺》三剧，其串架斗笋、插科打诨、意色眼目，主人细细与之讲明。知其义味，知其指归，故咬嚼吞吐，寻味不尽。至于《十错认》之龙灯、之紫姑，《摩尼珠》之走解[7]、之猴戏，《燕子笺》之飞燕、之舞象、之波斯进宝，纸札装束，无不尽情刻画，故其出色也愈甚。

阮圆海大有才华，恨居心勿静，其所编诸剧，骂世十七[8]，解嘲十三，多诋毁东林[9]，辩宥[10]魏党[11]，为士君子所唾弃，故其传奇不之著焉。如就戏论，则亦镞镞能新，不落窠臼者也。

【注释】

①阮圆海：阮大铖（约 1587—1646），字集之，号圆海、石巢、百子山樵，明万历四十四年（1616 年）进士，曾依附奸臣魏忠贤，明亡后在南明小朝廷中任兵部尚书，后投降清朝。著有《春灯谜》《燕子笺》《双金榜》和《牟尼合》等多部传奇。

②关目：戏曲术语，指戏曲情节和构思。

③筋节：指转折连接处。

④孟浪：鲁莽、轻率。

⑤打：演。

⑥院本：此处指剧本。

⑦走解：古代百戏之一，指在马上表演技艺。

⑧十七：十分之七。

⑨东林：指东林党。明朝末年，江南士大夫顾宪成、高攀龙等在无锡东林书院讲学，讽议朝政、评论官吏，逐渐形成一个政治团体，被称为“东林党”。

⑩辩宥：辩护，帮着说好话。

⑪魏党：以明末奸臣魏忠贤为中心的政治集团。

【解读】

阮大铖是明末奸臣，在政治上臭名昭著，但在戏曲创作方面却颇有造诣。张岱在此文中即描述了阮大铖的戏曲天分和家庭戏班。阮大铖爱好戏曲，畜养了一批优伶。这些优伶重视戏曲情节的表现和戏曲转折处的连接，与其他鲁莽粗俗的戏班不同。而戏曲剧本又出自阮大铖的精心创作，因而优伶表演的戏曲都非常精妙。张岱在阮大铖府中观看了《十错认》《摩尼珠》《燕子笺》三剧，看到阮大铖亲自为优伶讲解戏曲中需要注意的地方，比如戏曲情节的连接、戏曲中的滑稽动作和诙谐语言、戏曲表演时的面目神情等。这样优伶便能深刻理解戏曲中的含义，塑造出耐人寻味的戏曲故事。阮大铖也重视戏曲表演的形式美，对于《十错认》中的龙灯表演、《摩尼珠》中的马上表演和猴戏、《燕子笺》中的飞燕之舞和波斯进宝等，无不尽情刻画。张岱一方面赞扬阮大铖的戏剧才华，同时也抨击了其诋毁东林党的行为，评价褒贬恰当。

巘花阁

巘花阁在筠芝亭松峡下，层崖古木，高出林皋，秋有红叶。坡下支壑回涡，石跗棱棱①，与水相距。阁不槛、不牖②，地不楼、不台，意正不尽也。五雪叔归自广陵，一肚皮园亭，于此小试。台之、亭之、廊之、栈道之，照面楼之侧，又堂之、阁之、梅花缠折旋之，未免伤板、伤实、伤排挤，意反局蹐③，若石窟书砚。隔水看山、看阁、看石麓、看松峡上松，庐山面目④反于山外得之。五雪叔属余作对，余曰："身在襄阳袖石⑤里，家来辋口扇图⑥中。"言其小处。

【注释】

①石跗棱棱：石头突出的样子。

②牖：窗户。

③局蹐（jí）：亦作"跼脊"，狭窄局促的样子。

④庐山面目：代指事物的本来面貌。语出苏轼《题西林壁》："不

识庐山真面目，只缘身在此山中。”

⑤襄阳袖石：指米芾袖中藏石。襄阳，即为北宋书画家米芾，因定居襄阳而被称为“米襄阳”。袖石，可放在袖中的石头，便于把玩。

⑥辋口扇图：指唐代王维寓居辋川（今陕西西安辋川镇）期间创作的《辋川图》。

【解读】

此文讲述了张岱五叔修建巘花阁的事情。巘花阁在筠芝亭附近，环境清幽，水流环绕，山石堆积。而阁楼不设置栏杆和窗户，周围的建筑物也非常少，开阔朗畅，充满自然意蕴。张岱的五叔从南京归来后，觉得自己深谙造园之法，于是开始改造巘花阁。他大兴土木，修建亭台楼阁，以及长廊、栈道等，将小园填得满满的，显得十分拥挤，毫无趣味。人们只有从外面和远处向巘花阁观望时，才会发现些许韵味。可见，张岱对其五叔改造巘花阁的方式颇为不赞同。文末，张岱作“身在襄阳袖石里，家来辋口扇图中”的对联，再次表明自己的观点，以米芾袖中藏石和王维创作《辋川图》的典故委婉地指出巘花阁的局促结构。

蟹会

食品不加盐醋而五味全者，为蚶①、为河蟹。河蟹至十月与稻粱俱肥，壳如盘大，坟起②，而紫螯巨如拳，小脚肉出，油油如蟫蜒③。掀其壳，膏腻堆积，如玉脂珀屑，团结不散，甘腴虽八珍④不及。一到十月，余与友人兄弟辈立蟹会，期于午后至，煮蟹食之，人六只，恐冷腥，迭番⑤煮之。从以肥腊鸭、牛乳酪。醉蚶如琥珀，以鸭汁煮白菜如玉版。果瓜以谢橘、以风栗、以风菱。饮以玉壶冰，蔬以兵坑笋，饭以新余杭白，漱以兰雪茶。由今思之，真如天厨仙供，酒醉饭饱，惭愧惭愧。

【注释】

①蚶（hān）：软体动物，壳厚而坚实，肉味鲜美。
②坟起：隆起。
③蟫蜒（yǐn yǎn）：蚰蜒。
④八珍：我国传统的八种珍贵食品，在明代主要指龙肝、凤髓、豹胎、

《鱼蟹图》【局部】 徐渭（明）

鲤尾、鼠舌、鱼唇、熊掌和酥酪蝉。

⑤迭番：轮番、交替。

【解读】

中国人吃螃蟹的历史久远，可以追溯到周代。《易经》中描述螃蟹：“离为蟹，外刚而内柔。”晋代官员毕卓曾说：“右手持酒杯，左手持蟹螯。拍浮酒船中，便足了一生矣。”至宋代，吃螃蟹的风气已十分普遍，据记载，宋初陶穀出使吴越国时，吴越王钱俶就曾以各类螃蟹招待陶穀。而到明朝时期，一到食蟹季节，宫眷贵族便“五六成群，攒坐共食，嬉嬉笑笑”，将吃螃蟹看作是盛会。张岱的这篇《蟹会》则反映了明末官僚家庭中亲朋聚会食蟹的场景。

美味河蟹（图片提供：微图）

十月是河蟹肥美的时节，张岱描述此时的河蟹外壳大如凸起的盘，尤其是紫螯河蟹更是大如拳头，而肉多鲜嫩，堆积在一起像玉脂珀屑，味道鲜美异常，即使是八珍也不及。面对如此美食，张岱与亲朋好友专门设立蟹会，相邀一起煮蟹食用。为了防止河蟹冷却后有腥味，他们甚至不辞辛劳地轮番蒸煮河蟹。又以肥腊鸭、牛乳酪，以及橘子、栗子和菱角等瓜果相配食用。而茶饮和米饭等也都非常讲究和精细。此文展现了张岱早年的奢华生活以及他独特的美食品味。

琅嬛福地

陶庵梦有宿因，常梦至一石庵，峪窅岩岪①，前有急湍洄溪，水落如雪，松石奇古，杂以名花。梦坐其中，童子进茗果，积书满架，开卷视之，多蝌蚪②、鸟迹③、霹雳篆文，梦中读之，似能通其棘涩④。闲居无事，夜辄梦之，醒后伫思，欲得一胜地仿佛为之。郊外有一小山，石骨棱砺，上多筠篁⑤，偃伏⑥园内。余欲造厂，堂东西向，前后轩之，后磥一石坪，植黄山松数棵，奇石峡之。堂前树娑罗二，资其清樾。左附虚室，坐对山麓，磴磴齿齿，划裂如试剑，匾曰"一丘"。右踞厂阁三间，前临大沼，秋水明瑟，深柳读书，匾曰"一壑"。

缘山以北，精舍小房，绌屈蜿蜒，有古木，有层崖，有小涧，有幽篁，节节有致。山尽有佳穴，造生圹⑦，俟陶庵蜕焉，碑曰"呜呼陶庵张长公之圹"。圹左有空地亩许，架一草庵，供佛，供陶庵像，迎僧住之奉香火。大沼阔十亩许，沼外小河三四折，可纳舟入沼。河两崖皆高阜，可植果木，以橘、以梅、以梨、以枣，枸菊围之。山顶可亭。山之西鄙⑧，有腴田⑨二十亩，可秫可粳⑩。门临大河，小楼翼之，可看炉峰、敬亭诸山。楼下门之，匾曰“琅嬛福地”。缘河北走，有石桥极古朴，上有灌木，可坐、可风、可月。

【注释】

①峆（kǎn）窅（yǎo）岩嵬（fú）：山石峥嵘、曲折多变的样子。
②蝌蚪：此处指古书中形如蝌蚪的字体。
③鸟迹：鸟篆，形如鸟爪的篆体古文字。
④棘涩：晦涩难懂。
⑤筠篁（jūn huáng）：竹丛。
⑥偃伏：伏卧。
⑦生圹（kuàng）：生前建造的墓穴。
⑧西鄙：西面。
⑨腴田：肥沃的田地。
⑩粳（jīng）：黏性较小的稻。此处用作动词。

【解读】

琅嬛福地是张岱想象出来的一处园林。张岱曾经在梦中到达一处风景绝佳之地，那儿山石峥嵘，水流环绕，松树与奇石相映成趣。张岱闲坐其间，翻阅写满古文字的书籍，觉得晦涩的文字仿佛也能读懂，这正是身心愉悦的体现。梦醒之后，张岱有意识地规划着这一胜地的结构：堂、轩、阁等建筑依自然地势的起伏而建，并在周围种植黄山松、娑罗树等；在风水好的地方则留有墓穴的位置，张岱甚至想好了墓碑上的铭文，即为“呜呼陶庵张长公之圹”；同时，祭祀供佛用的草庵、种植果木花卉的高阜、山顶上的亭子、肥沃的田地等皆在计划之中。在面临河流的门楼上，悬挂有“琅嬛福地”牌匾，是张岱为此处园林所取的名字，表达了他希望生活潇洒恣意、轻松自在的美好愿望。

所谓“琅嬛福地”，在传说中是天帝藏书的地方。据元代伊士珍《琅嬛记》载：“张华游于洞宫，遇一人引至一处。别是天地，每室各有奇书，华历观诸室书，皆汉以前事，多所未闻者，问其地，曰：‘琅嬛福地也。’”故事说的是书生张华在洞山游玩时，偶遇一位老人，两人相谈甚欢，老人便将张华带到别有天地的洞府之中。在被称为“琅嬛福地”的洞府里，存在许多密室，每一密室都陈列着整齐的书籍，所记之事都是世人所未闻的。张华在洞中盘桓两天两夜才离开，但他刚刚踏出石室，回头观望之际，洞府已经消失无踪了，唯有杂草绕石而生。可见，琅嬛福地是一个颇具传奇色彩的理想境地。而对于张岱来说，琅嬛福地与陶渊明的桃花源非常类似，都是不满于现实的文人在虚拟世界中创作出来的乐土。张岱将此文作为《陶庵梦忆》的结尾之作，其中深意耐人寻味。